不内耗的孩子，
过不一样的人生

乔洁 ◎ 著

台海出版社

图书在版编目（CIP）数据

不内耗的孩子，过不一样的人生 / 乔洁著 . — 北京：台海出版社，2024. 12. — ISBN 978-7-5168-4084-9

Ⅰ．G78

中国国家版本馆 CIP 数据核字第 2024GA1155 号

不内耗的孩子，过不一样的人生

著　　者：乔　洁	
责任编辑：魏　敏	封面设计：宋晓亮
策划编辑：陈　旭	

出版发行：台海出版社
地　　址：北京市东城区景山东街20号　　邮政编码：100009
电　　话：010-64041652（发行，邮购）
传　　真：010-84045799（总编室）
网　　址：http://www.taimeng.org.cn/thcbs/default.htm
E-mail：thcbs@126.com

经　　销：全国各地新华书店
印　　刷：三河市天润建兴印务有限公司

本书如有破损、缺页、装订错误，请与本社联系调换

开　　本：710毫米×1000毫米	1/16
字　　数：130千字	印　　张：12
版　　次：2024年12月第1版	印　　次：2025年1月第1次印刷

书　　号：ISBN 978-7-5168-4084-9
定　　价：52.00元

版权所有　　翻印必究

前 言

孩子是一个家庭的未来,也是国家和民族的未来。

小小的孩子承载了大大的期望,父母既希望孩子健康快乐地成长,又怕他们"输在起跑线上"。父母关注孩子的衣食住行、喜怒哀乐,当然还有他们的学习成绩、身心发展。

有些家长会发现,孩子什么都不缺,只要完成他们自己的"任务"就好了,为什么有些孩子会产生诸如自我怀疑、缺乏自信、抑郁、焦虑等精神内耗的现象呢?

孩子内耗的原因有很多,比如有的孩子自我认知和现实产生碰撞冲突,或者无法分清自己的事和别人的事,有的孩子容易受别人情绪的影响,还有的孩子为了达到父母的期待而扭曲自己,以及过度追求完美,等等。

内耗的孩子是痛苦的,他们孤独、缺乏安全感,他们的心理能量会被自己的负面情绪所消耗,从而导致他们在做"正确的事情"时有心无力;他们容易在反思和懊恼中陷入消极,从而在痛苦中挣扎;他们容易在其他人的期待中放弃自己的兴趣和追求,在"他人期许"和"自我价值"的拉扯中越来越疲惫,陷入恶性循环。

这样内耗的孩子,又怎么能获得健康的身心发展,拥有积极快乐的人生呢?

家庭需要不内耗的孩子，父母最大的欣慰是他们的孩子拥有健康快乐的人生。社会也需要不内耗的孩子，不内耗的孩子是拥有积极的生活态度和非凡的创造力的人才，是建设社会、拥抱社会的精英。

养育不内耗的孩子，首先要承认孩子的独立性。每个孩子都是独一无二的，他们不是父母的复制品，更不是帮父母实现自己理想的工具。每个孩子都有自己的特质，父母要做的是，帮助孩子去发掘他们的天赋和热爱，而不是把自己的兴趣和期望强加给他们。

养育不内耗的孩子，需要理解孩子，陪伴孩子。理解孩子的烦恼，理解他们的懦弱和自卑，理解他们的压力和情绪。陪孩子玩耍、聊天，陪孩子运动、放松，而不是盯着他们学习了多少知识，考出了多少分数。

养育不内耗的孩子，需要接纳孩子，鼓励孩子。接纳孩子的优点和缺点，接纳他们的不完美，也教会他们接纳自己。鼓励孩子找到自己的发展方向，在成长的路上，他们每进一步，都伴随着父母的喝彩。

不内耗的孩子内心坚定，他们懂得做自己，不为讨好他人而委屈自己。他们拥有打不倒的韧性，不会把心理能量过度消耗在无关紧要的事情上。他们情绪稳定，摔碎了碗碟就说一句岁岁平安，走错了路就多看一道风景。

不内耗的孩子是身心健康的孩子，是拥有更值得期许的未来的孩子。不内耗的孩子不怕输在起跑线上，他们一点点地成长，在未来更有竞争力，他们将获得全面的身心发展，拥有更积极阳光的人生。

不内耗，不仅是一种教育策略，更是一种美好的人生状态。愿每个孩子都有一个自由、松弛的成长环境，拥有一个不内耗的人生。

目 录

第一章　成长的烦恼，真的一点儿也不少

孩子的烦恼，真的不比大人少　　002
胆小？怯懦？追溯恐惧之源　　006
我的自卑，爸妈都不懂　　010
怎么没人表扬我　　014
都说要分享，可是我不想　　018

第二章　我能做个"令人失望"的孩子吗

"让别人喜欢我"其实没那么重要　　024
不能总是"听你的，我都行"　　028
过度"反省"，真的有必要吗　　032
做错一件事，天塌不下来　　036
遭遇批评，正面面对　　040

第三章　说"不"的勇气和听"不"的胸襟

如果不愿意，那就勇敢说"不"　　046
小心别人利用你的善良　　050

尊重他人的选择，别怕被拒绝	054
别伤心，拒绝未必带有恶意	058
忘掉挫败感，我们可以重新来过	062
克服"讨好型人格"	066

第四章　想做大赢家，是上进还是攀比

竞争和攀比，究竟有什么不同	072
"第一"只有一个，不必过分苛责自己	076
比胜利更重要的，是对自我的坚持	080
到底什么才值得炫耀	084
品牌价值不是"我的价值"	088

第五章　压力好大，我的世界才不是无忧无虑

学习那么累，我的压力也很大	094
爸爸妈妈总吵架，我该怎么办	098
看不见的不和谐的家庭氛围，莫名其妙的"压力源"	102
"别人家的孩子"的强大压迫感	106

第六章　社交变形记：从小"社恐"到小"社牛"

一紧张就结巴，会被笑话吗	112
总是被冷落，我该怎么办	116

	释放善意，但无须刻意讨好	120
	别人一惹就"爆炸"，我是怎么了	124
	没必要刻意融入	128

第七章　提升钝感力，什么都打不倒我

	钝感力——保护自己的"小盾牌"	134
	别人的话，并没有那么重要	138
	除了你自己，谁也不能定义你	142
	专注眼前事，不再东张西望	146
	"坏事情健忘症"真好	150
	高敏感≠高内耗	154

第八章　打倒情绪"小怪兽"，让心态积极起来

	小小情绪也能搅乱一整天吗	160
	接受自己，谁都不完美	164
	烦恼说出来，心情好起来	168
	冷静一下！别在生气时做决定	172
	不要迁怒于人	176
	与其发怒，不如摆明态度	180

轻度焦虑，调节就能缓解	110
师出一门："焦虑"其实很忠心	124
改善焦虑有妙招	138

第三章 一念之差定"失败"	134
别人的话，你为什么那么在意	138
放过自己，别让过去影响未来	142
学会超脱自我，不断享受事业	146
积极看待他人的成功，并学习	150
别把别人当对手	154

小心自卑的陷阱——自我关闭	180
认真爱自己，接受不完美	184
克服自卑，心中有阳光	188
付出一些关心才能获得更多关心	172
不要恐惧人	176
争其必然，不抱怨境遇不佳	180

第一章

成长的烦恼,真的一点儿也不少

不 内耗 的孩子，
过不一样的人生

孩子的烦恼，
真的不比大人少

我的秘密日记

爸爸妈妈总说我们小孩子没有烦恼，但我不这么认为。我虽然年纪小，但心里的担忧可不少。每天早晨，一想到学校里可能发生的事，我就紧张得睡不着。担心老师上课提问，我答不出来，担心课间没有人愿意和我玩，或者我的朋友们突然对我冷淡。

考试临近时，我更是感到压力很大，总怕自己考不好。我还会担心，如果我的成绩达不到父母的期望，他们会失望吗？如果我不能再参加我热爱的活动，我该怎么办呢？有时候，我甚至觉得自己做什么都是错的，总是让大人不高兴。

我多希望我能像大人一样，有办法解决这些烦恼。但当我尝试向大人们诉说时，他们总是笑着说："你还小，哪有那么

第一章　成长的烦恼，真的一点儿也不少

多烦恼。"这让我感到孤单，因为我的烦恼似乎没人能理解。

有时候，我只好在心里默默问自己：为什么大人们总是觉得我们小孩子的烦恼不重要？我们的烦恼，其实真的很重要。

心理专家帮帮忙

事实上，孩子的烦恼并不比大人少。孩子在成长过程中，多数会面临学业压力、社交困扰以及自我认同等问题。只是这些问题容易被大人忽略，认为他们遇到的烦恼和挑战都是"杞人忧天""那都不是事儿"。

对于孩子来说，他们正处在认知和情感发展的关键阶段，很多情绪和问题都是首次经历，因此感到困惑和不安是很正常的。而且由于他们的表达能力和情绪调节能力还不成熟，这些烦恼可能会给他们带来很多困扰。

当孩子向大人倾诉时，如果他们的烦恼被忽视或轻视，孩子可能会感到被孤立，进而影响他们的情绪健康和自信心。因此，充分理解和重视孩子的烦恼，并帮助他们学会正确面对和处理这些烦恼，是非常重要的。

反内耗小诀窍

那么，作为家长，怎样去理解并帮助孩子处理这些成长中的烦恼呢？

tip1：倾听与共情

很多时候，孩子的烦恼并不在于问题本身有多严重，而在于他们在面对问题时无法调整好自己的心态。他们需要被理解和关注，需要成年人给予情感上的慰藉和"心理按摩"。作为父母或教师，要给孩子足够的时间和空间，善于倾听孩子的心声，在孩子表达他们的烦恼时，不打断、不评判，这是建立信任和支持的关键。

当孩子愿意分享他的烦恼时，大人们最好放下手头上的事，专心地倾听。倾听的过程中可以用一些共情的语言来回应，比如"我明白你为什么会这么想"，"听上去，这件事情确实挺让人难过的"。这样的倾听和回应不仅能让孩子感到被重视，还能帮助他们更好地整理自己的情绪和思路。

tip2: 安抚情绪，跟孩子一起寻求解决方法

在倾听完孩子表达烦恼后，首先安抚孩子的情绪，并教孩子一些控制情绪的方法。比如可以引导孩子通过深呼吸的方式让激动的情绪冷静下来。然后，家长可以通过与孩子一起讨论的方式，帮助他们理清问题的来龙去脉，找到解决问题的方法。

像有的孩子，在考试之前会因为担心考不好而产生焦虑情绪，导致无法集中精力学习，甚至晚上睡不着觉。遇到这样的情况，家长首先应该肯定孩子对考试的重视，然后和他一起分析原因，找到问题。比如可能孩子是因为复习方法不够系统，担心复习效果不好，所以感到不安。那么家长就可以针对这一点，帮孩子一起制订一个简单有效的复习计划，并告诉他："不用担心，我们可以按照这个学习计划一步步来，只要踏踏实实复习，你的成绩一定不会差的。"

总之，重要的是让孩子明白，烦恼是可以被理解和处理的，而他们也有能力应对这些挑战。

不 **内耗** 的孩子，
过不一样的人生

胆小？怯懦？
追溯恐惧之源

我的秘密日记

有时候，我发现自己真的很胆小。每当老师让我在全班同学面前发言，我的心跳就会加速，手心出汗，脑子里一片混乱。我总是担心自己说错话或被同学嘲笑。即使老师提问时没有点到我，我也会紧张得如坐针毡。

学校才艺表演时，妈妈鼓励我上台唱歌，但一想到要在众人面前表演，我便退缩了。我告诉妈妈我不想参加，虽然她有些失望，但还是尊重了我的选择。可看到其他同学勇敢表演时，我真的觉得自己好懦弱，为什么不能像他们一样自信呢？

还有一次，我和同学们去游乐园玩。当我们来到过山车前，我却突然害怕了。看着同学们兴奋地排队，我却只能站在一旁，感到既失落又自责。我不停地问自己：为什么总是这么胆小，

第一章
成长的烦恼，真的一点儿也不少

害怕尝试新事物呢？

我想要克服这种恐惧，却不知道如何开始。我想知道，这些恐惧感究竟从何而来？

心理专家帮帮忙

胆怯和恐惧是人类在面对未知或可能带来威胁的情况时的自然反应，这是一种自我保护的本能。孩子在面对新事物、新环境或公众场合、挑战性任务时，感到害怕和不安是正常的，甚至可以说是每个人成长过程中不可避免的一部分。

胆小、怯懦这些"不好的感觉"通常源于对失败的恐惧、对他人评价的过度关注，或者受到过去不愉快经历的影响。例如，孩子可能因为曾经在公众面前表现失误而感到尴尬，导致他们在以后的类似场合中背负极大的心理压力，从而产生懦弱、逃避的心态。此外，家庭环境中的过度保护或批评，也可能让孩子缺乏尝试、挑战的勇气，从而形成对失败和挑战的恐惧心理。

理解孩子的恐惧来源，帮助他们逐步克服这些心理障碍是非常关键的。通过引导和练习，可以让孩子学会面对和战胜内心的恐惧，从而变得更加自信和勇敢。

反内耗小诀窍

帮助孩子追溯恐惧之源，学会面对并克服恐惧、懦弱的心理，养成勇敢自信的人格，其实并不难。

tip1: 识别恐惧的根源

恐惧往往来自未知或者对失败的焦虑，帮助孩子找出让他们感到恐惧的具体原因，挖出"病灶"，是克服恐惧的第一步。

与孩子进行开诚布公的对话，问问他们在面临某种情境时到底害怕什么。是害怕表现不好被别人嘲笑？还是担心自己完不成任务？耐心引导孩子，让他们清晰地表达出真实的担忧，并让他们明白，恐惧是正常的感受。

tip2: 增强正面思考，逐步面对恐惧

恐惧常常来自负面思维模式，如"我一定会失败"或"大家都会笑

话我"。通过引导孩子学会正面思考，鼓励他们改变"悲观"心态，让他们相信自己可以做到，建立自信，能够有效减少恐惧感。

当孩子表达出对某件事情的恐惧时，帮助他们用积极的心态面对挑战，减少对失败的过度担忧。例如："妈妈知道你担心在台上表现不好，但你只要登台，就已证明你的勇敢了。而且你经过这么充分的准备，妈妈相信你会成功的。"

通过循序渐进的方式锻炼孩子，来增强他们的自信心。例如，如果孩子害怕在公众面前讲话，可以从在家人面前练习开始，再逐渐扩大范围。

有的孩子比较害怕在课堂上发言，家长可以建议，让他每天晚上给家人讲一个小故事。慢慢地，孩子就会开始觉得在熟人面前讲话没有那么可怕。然后再鼓励孩子在小范围同学面前发言，随着练习，孩子的胆子也会越来越大，直至能够成功地在全班同学面前进行演讲。

通过训练是可以逐步克服恐惧心理的，家长可以帮助孩子制订一个计划，从小的挑战开始，循序渐进，逐步增加难度。重要的是，为孩子的勇气喝彩，让他在每次进步时都感受到自己的成长，最终孩子将获得足够的勇气。

不 **内耗** 的孩子，
过不一样的人生

我的自卑，爸妈都不懂

我的秘密日记

这个学期，我感到自己陷入了自卑的困境。同学们在成绩、运动和社交上都表现得很出色，而我似乎总是平庸无奇。考试成绩平平，跑步速度也不快，集体活动中也觉得自己贡献不多。这些让我觉得自己是个失败者。

我曾向妈妈倾诉这种感受，希望她能理解我的难过。但妈妈只是安慰我不要胡思乱想，告诉我只要努力就好。这让我感到更加难过，仿佛她并不能真正理解我的痛苦。我也尝试和爸爸交流，但他只是轻描淡写地说我还小，未来有的是机会。这让我感到孤独，因为他们似乎并不理解我现在的挣扎。

我渴望摆脱这种自卑感，但不知道如何是好。难道我只能等待未来的到来吗？我需要知道，怎样才能现在就开始改变？

第一章
成长的烦恼，真的一点儿也不少

自卑

挫败

我不行

做不到

心理专家帮帮忙

自卑感是孩子在成长过程中经常会遭遇的心理困扰，尤其是在跟同龄人比较，发现自己的不足时，孩子更容易陷入自我怀疑和自我否定的情绪中。自卑感并不是孩子的错，而是一种对自我价值感缺乏信心的表现。孩子们往往会因为无法达到自己的期望或感觉自己不如他人而产生这种负面情绪。

当孩子勇敢地表达出自己的自卑感时，他们实际上是在寻求理解和支持。如果父母或其他成年人只是简单地用"没关系"或"你很好"来回应，而没有深入了解孩子的内心，就会给孩子一种敷衍的感觉，这样的"安慰"不仅不能帮助孩子摆脱自卑心理，反而可能让他们感到孤独和不被理解。

反内耗小诀窍

帮助孩子认识并处理自卑情绪,首先要从理解他们的感受开始,通过引导他们正向思考和实际行动逐步增强自信。

tip1: 了解自卑的原因,给予积极的反馈

孩子的自卑感是他们真实的情绪体验,父母应当首先承认并接纳这种情绪,而不是试图忽略甚至否定。

当孩子表达自卑感时,大人不要着急否定,比如有家长会说:"别胡思乱想,你很棒!"这种轻描淡写的安慰无异于"隔靴搔痒",无法让孩子感到被理解。家长需要认真倾听他们的心声,比如可以这样回应:"我明白你为什么会这么想。每个人都会有觉得自己不如别人的时候,这很正常。"类似的回应能让孩子感到自己的情绪被重视和理解。

tip2: 培养孩子信心,正确自我评价

每个孩子都有自己的独特之处和优势,帮助孩子找到优点,并在此基础上增强他们的信心,进行正确的自我评价,是减轻自卑感的有效方法。

有些孩子因为自己在学习上不够突出而否定自己。当家长发现这个情况后,首先要肯定孩子的上进心,同时要引导孩子多关注自己的长处,比如有的孩子在画画方面有天赋,家长就可以给他找绘画老师专门学习,鼓励他参加跟绘画相关的活动、比赛。这样孩子可以从中获得成就感，重拾信心，同时也能理解"尺有所短，寸有所长"的道理。

面对孩子的自卑，家长可以和他们一起列出擅长的事情，哪怕是小事。比如："你画画很有创意""你在学习英语方面很有天赋""你的动手能力比较强"，这些具体的反馈能帮助孩子看到自己的价值，并逐步建立自信。

不内耗的孩子，过不一样的人生

怎么没人表扬我

我的秘密日记

最近，我总觉得自己成了"小透明"，无论是在家还是学校，我的努力似乎都没人注意。

上次数学测验，我花了很长时间复习，成绩比之前提高了不少。我满心欢喜地告诉爸妈，却只换来一句："嗯，不错。你很棒！"然后他们就忙自己的事去了，让我感觉好失落。

在学校也是一样。我积极参与卫生评比，主动承担了很多打扫工作，累得满头大汗。结果班级虽然得了第一名，可老师最后表扬的却是别的同学，连提都没提到我的名字。我努力了那么多，却没有得到一句表扬，心里真的很难受。

我开始怀疑，难道我的努力还不够吗？为什么没有人表扬我？是不是我做得多好都没用，其实大家根本不在乎我做的一切？

第一章
成长的烦恼，真的一点儿也不少

心理专家帮帮忙

孩子在成长过程中，渴望得到认可和表扬，是很正常的心理需求，这是他们建立自信心的重要途径。表扬不仅能让孩子感到被关注和重视，还能激励他们在未来继续努力。而当孩子的努力没有被注意到或认可时，他们可能会感到失落，甚至质疑自己的价值。

然而，并不是所有的努力和成绩都能被看见，都能得到及时的表扬。孩子需要明白一点：不被看见或表扬并不意味着自己的付出没有价值。表扬固然重要，但自我认可和内在的满足感同样重要。

帮助孩子学会在没有他人表扬的情况下，依然保持自信和积极的心态，是父母和教师需要关注的重点。

不**内耗**的孩子，
过不一样的人生

📝 反内耗小诀窍

从现在开始，让孩子不再过度追求别人的认可和表扬，以成长为目标，培养自我认同。

tip1： 学会自我表扬，培养内在的认可感

当孩子的努力没有得到外界的表扬时，要教他们学会自我表扬，培养内在的满足感。让他们认识到进步和努力本身就值得肯定，让孩子认可自己，是增强自信心的重要方式。

家长可以引导孩子在完成某件事后，先问问自己："我为这件事付出了哪些努力？我从中学到了什么？"通过这种方式，让孩子学会自我认可，告诉自己："我进步了，我做得很好，我很棒！"这种自我表扬不仅能增强孩子的内在动力，也能让他们在没有外界表扬时依然感到满足。

tip2： 理解表扬的多样性，学会从不同角度看待认可

有时候认可并不一定要通过语言表达出来，可以是他人行为上的改变、态度上的支持等。有时候，一个微笑、一句话，抑或是一个肯定的眼神，都是对孩子努力的认可。帮助孩子理解，表扬的形式可以是多种多样的，而不仅仅是直接的夸奖。

就像有的孩子打扫完卫生后，不一定每次都能得到老师的表扬。如果他因此不开心，家长就要引导他关注同学们保持教室整洁的反应，并让孩子意识到，行动往往比语言更能说明问题，这种"保持卫生"的行为实际上就是对他的劳动成果的认可。

家长可以引导孩子回忆和发现生活中的各种表扬形式，让孩子学会从不同角度去发现和接受认可。

tip3: 以成长为目标，而非单纯追求表扬

表扬是对努力的肯定，但是否获得表扬并没有那么重要，更重要的是通过努力实现个人的成长。帮助孩子将目光从"追求表扬"转向"追求进步"，让他们明白成长和进步本身就是最大的褒奖。

家长可以和孩子一起制定一些成长目标，例如在学习上取得进步、在某项技能上有所提升等。当孩子完成目标时，不论有没有外界的表扬，他们的内心都会收获成就感和满足感。

都说要分享，可是我不想

我的秘密日记

大人们总说"分享是美德"，可有时候，我真舍不得把自己心爱的东西给别人。就像那次，我攒了好久的钱，终于买到了一只可爱的蓝眼睛小熊玩偶。我拿着它走在路上，同学们看见了，都想一起玩。我心里一百个不愿意，但又不好意思说"不"，只好勉强答应。结果，小熊被弄脏了，我心里难受极了，却不敢说出来。

还有一次，我带了喜欢的零食去学校，想自己享受。同桌看见了，问我能不能分她一些。我虽然很想独享，但想到分享是美德，只好不情愿地分给了她。看着她吃得开心，我却心情很差。

每次别人要我分享，我都特别矛盾。我知道分享是好事，会让人觉得我是好孩子。可我也有自己的小心思，有时候，我

第一章
成长的烦恼，真的一点儿也不少

就是想把自己喜欢的东西留给自己。这真的很自私吗？为什么我不能偶尔自私一点，把心爱的东西留给自己呢？

☺ 要学会分享，分享能带来快乐。

占有欲

心理专家帮帮忙

分享是一种美德，它教会孩子们与他人分享快乐和资源，从而建立良好的人际关系。然而，分享并不意味着必须无条件地把自己的东西交给别人。孩子有时不愿意分享，特别是对一些自己非常珍视的物品，有着强烈的"占有欲"，这是很正常的心理反应。分享应该是一种发自内心的意愿，而不是一种强迫性的行为。

孩子需要明白，分享是一种选择，而不是一项义务。通过适当的引导，孩子可以学会在自愿的情况下分享，同时也可以勇敢地表达自己的意愿，拒绝分享自己不愿意分享的东西。只有这样，孩子才能在分享中找到真正的快乐和满足感，并建立健康的界限感。

反内耗小诀窍

从现在起，不用纠结，你可以分享你愿意分享的，也可以独享你不愿分享的。

tip1：尊重自己的感受，学会选择性分享

拒绝并不等于自私，孩子有权利决定自己的物品是否分享给他人。学会尊重自己的意愿，学会勇敢地表达自己的真实感受，可以避免因为勉强自己分享带来的内心冲突和不满。

比如，当孩子不想分享时，家长可以教孩子这样说："如果你真的不想分享，可以礼貌地告诉别人，比如'这次我不太想分享，也许下次吧'。"

孩子可以学会选择性地分享，即在自己感到舒适的范围内进行分享。这样既能保留自己珍视的部分，也能获得分享的快乐。家长可以引导孩子，选择一些自己愿意分享的东西或部分，例如分享一部分零食而不是全部，或者让别人在某个时间段内玩自己的玩具。这种方式可以让孩子在分享和自我保护之间找到平衡。

tip2: 通过"自愿"分享体验快乐

分享的快乐来自自愿，而不是因为外界的压力。通过自愿，而不是"应该"的道德压力去分享，孩子可以感受到真正的满足感和快乐。

家长可以在家庭环境中，鼓励孩子分享，例如在家庭聚餐时分一部分自己喜欢的零食给兄弟姐妹，并观察孩子在分享后的感受。家长可以问："分享后你觉得怎么样？是不是很开心？"通过这样的方式，让孩子体验到自愿分享的快乐，同时也学会在不愿意分享时表达自己的意愿。

第二章

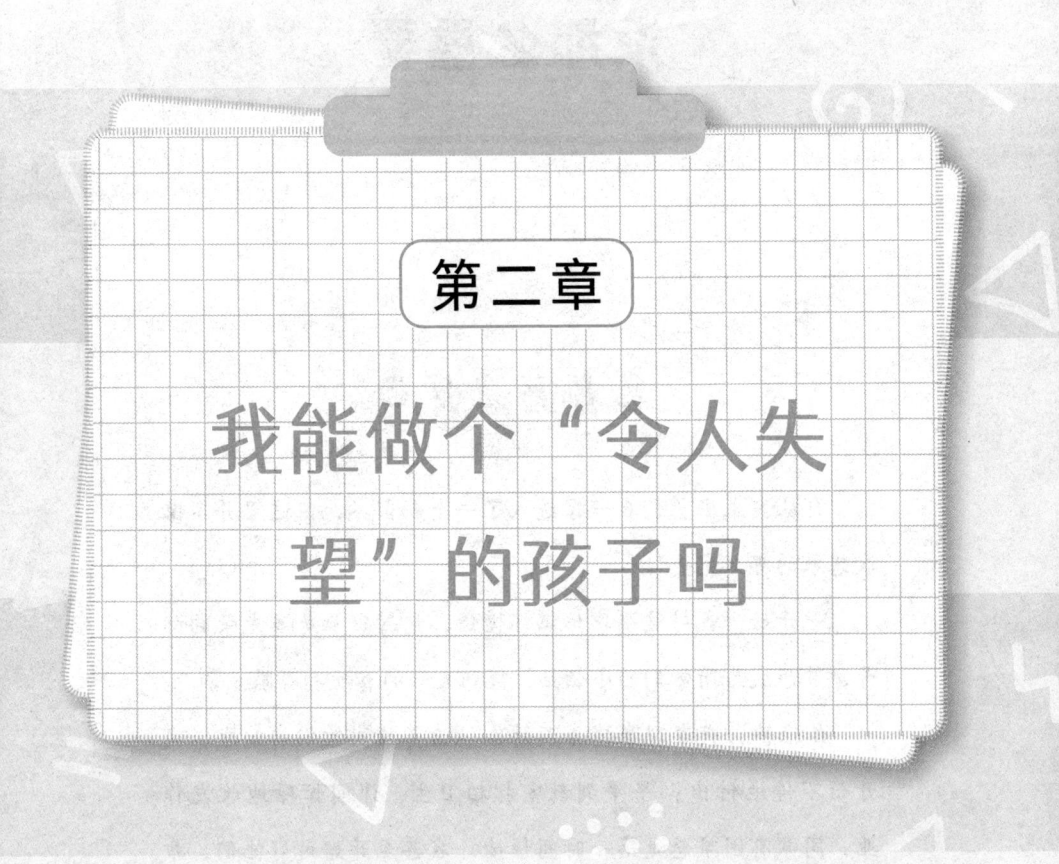

我能做个"令人失望"的孩子吗

不 **内耗** 的孩子，
过不一样的人生

"让别人喜欢我"其实没那么重要

我的秘密日记

自从当上班长，我好像进入了一个新世界，但这里并不像我想象的那么完美。

一开始，我对这个职位满怀憧憬，觉得班长是多光荣的称号，梦想成为同学们的小领袖，得到大家的喜欢和尊敬。

但很快，我发现事情并不简单。为了让同学们喜欢我，我开始不停地付出：早早到教室打扫卫生，课间忙碌地收发作业，同学有困难总是第一时间帮忙。我甚至开始讨好他们，希望他们能看见我的努力。

然而，我渐渐感到疲惫，总是担心做得不够好，担心同学们会不喜欢我。我变得越来越压抑，有时候甚至觉得喘不过气来。

第二章
我能做个"令人失望"的孩子吗

我感到困惑，难道只有不断付出和讨好，才能得到同学们的喜欢吗？我到底该怎么做？我是不是不适合当班长？

心理专家帮帮忙

对孩子来说，成长过程中一个重要的矛盾就是自我认同与外界期望之间的冲突。当孩子的角色定位开始变化时，他们就会面临来自社会和同学的角色期望。他们希望自己成为其他人希望的样子，并为此感到光荣。然而，这种期望也带来了巨大的自我压力，使他们不断地付出或讨好，以期获得他人的认可和喜欢。

为了迎合他人的期望，有的孩子会过度付出，甚至开始主动承担超出自身能力的责任。也正是这种过度的付出，让他们感到疲惫，并开始质疑自己的能力和价值。这种行为实际上是一种自我牺牲，为了寻找自己的身份和归属感，孩子放弃了自己的部分真实感受和需求，以迎合他人的期望。长期下去，外界期望和自我牺牲与他们的自我认同会产生冲突，导致他们感到困惑和矛盾。

反内耗小诀窍

从现在开始，拒绝内耗，不再用牺牲自己的方式，来换取别人的喜欢。

tip1：建立健康的自我认同

每一个习惯过度付出的人，都太重视别人的评价，仿佛只有获得别人的夸赞，才能证明自己的价值。孩子应该认识到，自己的价值不仅仅取决于他人的喜欢或认可，别人的喜欢其实并没有那么重要。

孩子要学会自我接纳，理解每个人都有自己的优点和不足，正确认识自己，评价自己，接受自己。只有培养起内在的自我价值感，才能真正摆脱内耗，不再依赖于外部的评价。

家长可以引导孩子自我反思，每天晚上问自己几个问题："今天我做的哪些事是为了取悦别人？我是否忽视了自己的感受？这些事真的是我必须要做的吗？"同时也要进行自我肯定，比如可以写下自己的优点，每天对着镜子鼓励自己，逐渐内化这些积极的自我认同。

tip2: 设定合理的界限

每个角色都有自己的职权范围,在角色定位发生变化后,要懂得明确自己的责任范围,不必为了迎合他人而过度付出。明确界限,让孩子列出在当前角色中的责任清单,明确哪些是他应该做的,哪些不是。当遇到超出范围的请求时,可以根据清单拒绝。

有的孩子在班里担任某种职务后,会发现自己会被同学要求做很多与职责无关的事情,他们有的会碍于面子或者同学的期望而接受这些"无理"要求。当孩子遇到超出自己的能力或意愿的要求时,家长要教会孩子用礼貌但坚定的方式说"不",并明确告诉同学:"这些事情超出了我的职责范围,你可以找其他人帮忙。"

家长一定要让孩子学会拒绝,重视自己的真实感受和需求,勇敢表达自己的观点和立场。这样才能保护自己的时间和精力,并确保有足够的自我充电和休息时间。

不能总是"听你的,我都行"

我的秘密日记

最近,我开始发现自己总是习惯于说"听你的,我都行"。无论是家里还是学校,我总把决定权交给别人。妈妈问晚饭吃什么,我总回答:"听你的,我都行。"同学们讨论周末活动,我也是随声附和:"听你们的,我都行。"班里讨论活动,我也很少发表自己的意见。

其实,我有自己的喜好。有时我想吃面条而不是米饭,或者觉得去公园比游乐场更有趣,有时也希望班级活动能按我的建议来。但每当我想表达,心里就会有个声音:"如果大家不喜欢我的建议怎么办?他们会不会因此不喜欢我了?"

所以,我选择了沉默。这样确实让大家更容易接受我,也不会争辩。但时间久了,我感到自己好像失去了什么。我的意

第二章
我能做个"令人失望"的孩子吗

见总是被忽略,我总是在迎合别人。难道我只能"听你的"吗?

心理专家帮帮忙

孩子习惯于说"听你的,我都行",可能是天生性格比较温顺、乖巧,他们从小就很"听话",很少提出自己的想法和观点。

从心理学的角度来看,孩子不愿意表达自己的意见,往往是出于追求人际关系的和谐,同时对可能发生的冲突的回避。他们可能担心自己的意见不被接受,或者害怕因为表达不同的看法而被排斥。因此,孩子们选择了默默同意,避免提出自己的想法。

然而,这样的选择意味着他们的真实需求和愿望更不容易得到尊重和实现，因此他们的内心可能会感到不满和失落。这种行为模式长期下去，可能导致孩子逐渐失去自我表达的机会和自信心。而且这种缺乏主见的习惯也会影响他们的决策能力和独立性。

帮助孩子学会勇敢表达自己的意见，建立健康的自我认同，是父母和教师需要关注的重要部分。孩子们需要理解，提出自己的想法和意见并不会让他们失去友谊，反而会让他们变得更有个性和魅力。

反内耗小诀窍

从现在起，勇敢表达自己，成就更好的自己。学会沟通协商，建立更健康和谐的人际关系。

tip1: 引导孩子思考，鼓励孩子表达

在孩子遇到问题或选择时，不要直接给出答案，而是引导他们独立思考。鼓励孩子说出自己的想法，即使不同意他们的观点，也要尊重他们的意见，并给予肯定和鼓励。让孩子明白，他们的意见和想法同样有价值，值得被倾听和尊重。无论意见是否被采纳，他们都有表达的权利。

家长和老师可以在日常生活中多询问孩子的意见，例如："你今天想吃什么？"或者"你觉得我们这个周末应该做什么？""这次的活动由你来定，你看怎么样？"通过不断地给予孩子表达的机会，鼓励他们表达自己的想法。

tip2: 增强孩子的自信心，培养表达能力

家长可以通过一些小步骤帮助孩子发现自己的优点和长处，从而逐步建立起自信心。让他们学习一些沟通表达方面的技巧，帮助孩子增强表达能力。给孩子创造条件或者营造环境，练习表达自己的意见。比如，可以让孩子先在一个相对安全和熟悉的环境中表达自己的观点，再逐步增加他们在更大群体中的表达机会。

如果发现孩子"没有主见"，经常在跟同学或者家庭讨论时说"随便，听你们的"，家长就要有意识地鼓励孩子表达自己。可以先从家庭内部开始，鼓励孩子提出自己的意见。例如，周末的家庭活动让孩子来提议并决定。当孩子发现他的建议被采纳时，就能体会到成就感。这样他可以逐渐有勇气在学校或者其他场合的讨论中发表自己的看法。

在提升孩子的表达能力的同时，也要让他们明白：表达自己的意见并不意味着固执己见，而是要学会协商，在自我和他人之间达成共识。

教孩子在表达自己的意见时，也倾听别人的意见。例如，当孩子提议去某个地方玩时，可以引导他说："我想去××地方玩，你们觉得怎么样？"这种表达方式不仅让孩子的意见得到了尊重，也培养了他们与他人协商合作的能力。

不 **内耗** 的孩子，
过不一样的人生

过度"反省"，
真的有必要吗

我的秘密日记

很奇怪，我发现自己最近越来越喜欢"反省"。不管发生了什么，我都会在心里一遍遍回放，不停地问自己："是不是我做错了？"

比如，有一次我在课堂上回答问题，一个同学笑了，我就怀疑自己是不是说错了什么。尽管老师夸我回答得好，我下课后还是不停地回想那一幕，心里想："我是不是哪里说得不对？是不是让人觉得我很蠢？"

还有一次，我和好朋友聊天时不小心打断了她，她当时没说什么，但我之后越想越不安："她是不是生气了？我是不是太不礼貌了？"虽然第二天她还是乐呵呵地找我玩儿，但我还是担心了很久，怕自己伤害了她。

这种"反省"总是跟着我。无论是和同学的对话，还是在

第二章 我能做个"令人失望"的孩子吗

家里和爸妈的相处,我总是担心自己做得不够好,经常自责。

但当我每天都在"反省"中度过时,我发现自己越来越不开心。我开始问自己:为什么我总是感到这么多焦虑?过度"反省"真的有必要吗?

😊 过度反省

> 我是不是做错了?
> 我是不是不够礼貌?
> 我是不是做得太少?
> 我是不是哪里没说对?
> 我是不是显得很愚蠢?
> 我是不是想得太多?

心理专家帮帮忙

反省本身是一种有助于个人成长的行为,通过反思自己的言行,孩子们可以更好地理解自己和他人,从而做出改进。然而,过度反省却可能带来负面的影响,尤其是当反省变成一种习惯性自我批评时,它可能会导致孩子陷入无尽的焦虑和自我否定中。

孩子们常常对自己的言行感到不安，担心自己做得不够好，从而反复回想和反省。然而，如果这种反省过于频繁且没有边界，孩子可能会变得对自己过于苛刻，甚至因此失去自信。过度反省会增加孩子的心理压力，让孩子陷入一种对错误和失败的恐惧中，阻碍他们勇敢地表达自己及尝试新事物。

反内耗小诀窍

帮助孩子摆脱过度反省的困扰，首先需要让他们学会正确看待自己的错误和不足，并逐步建立一种更加健康的自我认同感。

tip1: 学会正确地反省

反省是为了改进，而不是一味地责怪自己。孩子需要明白，偶然的错误是成长的一部分，不必因此过度自责。

当孩子陷入过度反省时，家长可以告诉孩子："反省是为了让我们下次做得更好，而不是为了责备自己。"可以引导他们问自己："这件事情能让我学到什么？"通过反省引导孩子进行实质性的改进。

当孩子陷入过度反省时，家长可以帮助他们从这种状态中转移出来，做一些积极或者放松的事情，比如可以带孩子一起出去散散步、做做运动，或者听听音乐、阅读书籍等。这些事情，不仅能帮助孩子从无意义的自责情绪中走出来，还能帮助他们改善心态，潜移默化地告诉他们"还有更好玩、更有价值的事情值得我们去做"。

tip2: 培养正面思维，学会接纳自己

反省过后，孩子需要学会接纳自己，即使犯了错误，也要以积极的态度面对。这种正面思维可以帮助孩子逐渐摆脱对错误的过度担忧，并学会原谅自己。

当孩子在反省中陷入自我否定时，家长可以引导他们去发现自己的亮点，例如："虽然你这次回答问题时有些紧张，但你很勇敢地举手了，给你的勇气点个赞吧！"通过这种方式，帮助孩子在反省中看到积极的一面，逐步培养健康的自我认同感。

不 **内耗** 的孩子，
过不一样的人生

做错一件事，天塌不下来

我的秘密日记

前几天，我觉得世界都快崩溃了。数学考试时，我不小心把一整道题的计算步骤写错了，分数比平时低了很多。看到分数时，我简直不敢相信，心里特别难受。

我不停地回想考试的情景，连怎么回的家都不知道。回到家后，看到忙碌的妈妈，我更加自责。妈妈做完饭，看到我闷闷不乐，就问我怎么了。我低着头，告诉她考试的事。妈妈却轻描淡写地说："没关系，下次注意点就好了。妈妈相信你。"

我心里满是懊悔和自责，觉得这次失误太严重了。我以为自己辜负了大家的期望，妈妈会批评我，没想到她会这么说，我有点不理解，明明我很在意这次考试，妈妈却好像一点都不担心。

第二章
我能做个"令人失望"的孩子吗

后来,我发现妈妈和老师都没有因为我的失误而改变对我的态度。老师也只是指出了我的错误,鼓励我下次注意。我开始怀疑,是不是我把这件事看得太严重了?这件事我做错了,但天并没有塌下来。

> 完了,完了!
> 失了一颗马蹄钉,丢了一块马蹄铁;
> 丢了一个块蹄铁,折了一匹战马;
> 折了一匹战马,损了一位国王;
> 损了一位国王,输了一场战争;
> 输了一场战争,亡了一个帝国……

强烈愧疚感

过度自我批评

心理专家帮帮忙

孩子在成长过程中,往往会把自己的错误看得过于严重,尤其是当他们对某件事非常在意时,犯错后可能会产生强烈的愧疚感。这种过度的自我批评不仅会增加孩子的心理压力,还可能影响他们的自信心和学习兴趣。

事实上,错误是成长的一部分,每个人都会犯错。孩子需要明白,做错一件事并不意味着失败,更不代表天塌下来了。重要的是从错误中学习,吸取经验教训,不断成长进步。父母和教师的任务是帮助孩子正确看待错误,避免他们陷入过度自责的情绪中。

反内耗小诀窍

从现在起,接纳不完美的自己,学会从错误中吸取经验教训,让自己变得越来越好。

tip1: **学会接纳错误,防止过度焦虑,学会从错误中成长**

孩子需要明白,犯错是正常的,错误并不可怕,重要的是从错误中学习和成长。接纳自己的错误,避免内耗,不要对自己的错误产生不必要的焦虑。当做错了一件事情时,要学会从中寻找改进的方法,避免犯同样的错误。

当孩子因为犯错而自责时,家长可以鼓励他们思考:"这个错误让你学到了什么?下次你该怎么做?"告诉他们:"犯错是很正常的,每个人都会犯错,关键是我们从中学到了什么。不要在同一个地方跌倒两次。"这种积极的思考方式能帮助孩子将错误转化为成长的机会,而不是让他们沉浸在自责中。

有很多孩子因为粗心导致在考试中丢分,这种情况会让他们长时间懊悔、不开心。家长可以开导他们,让他们明白这种错误是大家都容易犯的,关键是认识到粗心的危害,争取下次考试时不再犯同样的错误。这样可以缓解孩子的焦虑,让他们把注意力放到吸取教训、改正习惯上来。

tip2: **培养"下次会更好"的心态，增强应对错误的能力**

错误并不可怕，可怕的是因为怕犯错而止步不前，因错误而放弃。孩子需要培养一种"下次会更好"的心态，明白失败是成功之母的道理，这次的错误并非终点，而是新的起点。

家长可以引导孩子面对错误时，思考下一步该怎么做。比如："你这次考试失误了，没关系，下一次我们可以更仔细一些。我们来看看哪里出错了，下次注意。"通过这样的鼓励和复盘，帮助孩子在面对错误时依然保持积极的态度和行动力。

不 **内耗** 的孩子，
过不一样的人生

遭遇批评，正面面对

我的秘密日记

今天，班会上老师当众批评了我，说我学习态度不认真，作业质量下降。我感到特别难堪，好像全班都在嘲笑我，脸烫得厉害，眼泪也不争气地流了下来。

课后，我坐在凳子上闷闷不乐，反复回想老师的话。我不明白，为什么老师要当众批评我，私下说不是更好吗？我觉得自己没那么差，为什么老师要把问题说得那么严重？

但换个角度想，老师平时对我不错，这次批评可能是出于关心，希望我能进步。可我还是接受不了，真的不想再听到这样的批评了。晚上躺在床上，我翻来覆去睡不着，越想越不舒服，真想大喊老师太过分。

我该怎么面对这种批评呢？是继续生气，还是努力让自己变得更好呢？

心理专家帮帮忙

被人批评是孩子成长过程中难以避免的经历。虽然批评有时让人感到不舒服，甚至觉得难堪，但从长远来看，适当的批评能够帮助孩子认识自己的不足，找到改进的方向。不过，孩子在面对批评时，往往会产生抵触情绪或自我防御机制，甚至可能因此怀疑自己的能力和价值。

帮助孩子正确看待和应对批评，是培养他们的抗压能力和自我反思能力的重要步骤。孩子需要理解，批评并非完全是负面的，关键在于如何从批评中吸取有益的建议，促进自身的成长。

反内耗小诀窍

从现在开始，直面批评，让批评成为鞭策自己进步的力量吧！

tip1：控制情绪，寻找批评中的积极意义

孩子面对批评时容易情绪化，甚至表现出不满和抵抗。因此首先要教孩子学会控制情绪，冷静回应批评，这样才能更理性地面对问题，从而避免因情绪失控而做出不当反应。

有些孩子被别人批评后，容易产生抵触情绪，甚至当场反驳对方。这样他们不仅无法反思自己的问题，而且还会使双方之间的关系更加紧张。家长可以引导孩子首先保持情绪稳定，不要激动，也别着急反驳，先冷静下来，听听对方到底说了什么。

孩子需要学会将批评视作一种建设性的反馈，而不是单纯的指责。比如，家长可以帮助孩子分析批评的内容："老师为什么批评你？他希望你在哪些方面改进？"通过引导孩子思考批评背后的积极动机，帮助他们将批评看作一种关心和指导，而不是攻击或否定。

家长可以教孩子一些情绪管理的方法，例如深呼吸、数数或暂时离开现场，待冷静后再与批评者沟通。在面对别人的批评时，要理解批评的动机，是帮助指出你的问题，还是单纯恶意的攻击？要学会从批评中找到正面意义，找到提升自己的机会。

tip2：从批评中学习，将批评转化为动力

批评的真正价值在于它能帮助孩子发现自己的不足，并促使他们改进。孩子需要学会从批评中提炼有益的建议，将其转化为行动的动力，而不是让批评成为心理负担。

家长可以鼓励孩子在面对批评后问自己:"我能从这次批评中学到什么?我下次如何才能做得更好?"帮助孩子将批评当成改进的契机,而不是失败的标志。家长还可以和孩子一起分析批评中的正面内容,明确下一步的努力方向,制订改进计划,让孩子看到进步的希望。

第三章

说"不"的勇气和听"不"的胸襟

如果不愿意，那就勇敢说"不"

我的秘密日记

我好像总是学不会拒绝别人。不管是同学、朋友还是家人，当他们提出请求，我总是难以说"不"。就算自己忙得不可开交，也硬着头皮答应帮忙，生怕让人失望。

记得有一次，同学让我帮他做手工作业。我虽然也有一堆作业，但还是答应了。结果忙到深夜，只睡了四五个小时。第二天上课，我困得眼睛都快睁不开了。

还有一次，妈妈想让我陪她逛街，我本打算在家读课外书。但看到妈妈期待的眼神，我还是没忍心拒绝。逛街回来后，我累得不行，看到那本没翻开的书，心里后悔没坚持执行自己的计划。

每次勉强答应别人后，我都会感到失落和疲惫。我开始质

第三章
说"不"的勇气和听"不"的胸襟

疑自己,为什么总是不敢说"不"?拒绝别人真的那么难吗?

心理专家帮帮忙

孩子在成长过程中,学会拒绝别人是非常重要的能力。孩子不会说"不",往往是因为害怕让别人失望,或者担心因此失去友谊。然而,过度地迎合他人的需求会导致孩子忽视自己的感受和需求,长此以往,可能会让他们感到疲惫不堪和失去独立性。

学会勇敢地说"不",不仅是对自己的尊重,也是维护心理健康的重要方式。要明白,拒绝并不等于自私,而是懂得如何平衡自己的需求与他人的期望。通过适当的引导,孩子可以学会在不同情境下合理地拒绝，保持内心的平衡和独立性。

反内耗小诀窍

学会拒绝是成长中的重要一课，开启健康的人生状态，从学会说"不"开始。

tip1：尊重自我感受，礼貌而坚定地表达拒绝

孩子需要学会倾听自己的内心，了解自己真正的感受和需求，而不是一味地迎合他人。让他们明白，拒绝自己不愿意做的事情并不意味着自私，而是对自己负责。尊重自己的感受，是学会说"不"的第一步。

家长可以引导孩子在面对别人的请求时，先问自己："我真的愿意做这件事吗？这件事对我来说重要吗？"通过思考这样的问题，帮助孩子认清自己的内心需求。

家长还需要教孩子学习如何礼貌而坚定地表达拒绝。拒绝他人的请求并不一定会伤害彼此的感情，比如让孩子在表达拒绝时给出恰当的理由，或者提出替代方案，等等，这样既能让对方理解，也能维护彼此的关系。

有的孩子会遇到这些的情况：好朋友要求他帮忙做一些事情，孩子不愿意做但又不想伤害朋友，为此孩子非常苦恼。家长可以教孩子用委婉的方式拒绝，比如说自己有点忙、没时间，或者有其他安排，等等。这样的表达可以让朋友理解孩子的难处，也能避免产生冲突。

家长可以和孩子一起演练一些拒绝的场景，帮助孩子找到既能表达自己的意愿，又不失礼貌的方式。例如："谢谢你的邀请，但我今天有其他安排，下次我们再一起吧。"通过这种练习，孩子会逐渐掌握在不同情况下如何礼貌而坚定地说"不"。

tip2: 增强自信，坦然接受拒绝的后果

勇敢地说"不"，有时可能会带来短暂的不快或误解，甚至失去一些人的友谊。但孩子需要知道，提出过分要求且不理解你的人不是真正的朋友，失去这些人的"友谊"也并不意味着你的人生就会走向灰暗。通过逐步增强自信，孩子会明白，拒绝他人的请求不会失去真正的朋友的尊重和友谊，反而会赢得更多的理解。

家长可以分享自己拒绝他人后的经历，让孩子知道，拒绝他人的请求是正常的，并不会因此失去真正的友谊或被孤立。通过这种正面的示范，孩子会更有信心地去面对拒绝别人可能产生的后果，理解拒绝是一种正常的社交行为，而不是一件可怕的事。

小心别人利用你的善良

我的秘密日记

我天生就善良，乐于助人，见不得别人有困难。我总是主动帮助同学，哪怕这意味着要牺牲自己的时间和精力。

记得有一次同桌忘了带作业本，急得要哭。老师很严格，不交作业会挨批评。我看他那么急，就把自己的备用作业本给了他。虽然他后来没还我，但当他再次借时，我还是忍不住借给了他。

班里还有个同学，总找我借东西，铅笔、橡皮、练习册，我从未拒绝。有时他甚至让我帮他做作业。虽然我自己的作业也很多，但我总是不好意思拒绝，结果自己忙得不可开交。

渐渐地，我发现这些同学好像习惯了找我帮忙，有时候明明可以自己解决的事，也会来找我。我感觉不太对劲，但又不知道该怎么拒绝。我不想让人觉得我小气,但也不想一直被"利用"。这种感觉真的很不好,我该怎么办呢?

道德绑架

你那么善良,一定不会拒绝我吧?

你人那么好,一定会帮忙的吧?

听话才是好孩子

你有那么多,分我一点怎么了?

开个玩笑而已,别在意!

别那么小气,要懂得分享!

心理专家帮帮忙

善良是孩子身上非常宝贵的品质,但如果不加以引导,善良就可能会被他人利用。孩子在帮助他人的过程中,往往不知不觉中忽视了自己的需求,甚至可能会被有意或无意地"道德绑架"。这种情况可能导致孩子在心理上感到被占便宜、被欺负,从而引发不满和内心冲突。

教会孩子保护自己的善良,学会识别他人的真实意图,是帮助他们建立健康的人际关系的重要一步。善良并不等于无条件地帮助所有人,或者满足别人的所有要求,孩子需要学会区分真正需要帮助的人和那些习惯性依赖他人的人。

反内耗小诀窍

从现在起,不要再当"烂好人",你的善良,要带点锋芒。

tip1: 识别对方求助的动机,判断真实需求

帮助别人时,孩子需要学会判断,对方是真的需要帮助,还是习惯性地依赖他人,甚至是单纯地想"利用"自己。只有这样,孩子才能做出更明智的选择,而不被无意间利用。

家长可以通过与孩子讨论具体情境,帮助他们分析对方求助的真实目的。例如,当同学反复借作业抄写时,可以问孩子:"你觉得他为什么总是借你的作业?他是因为忙不过来,还是只是想省事?"通过这样的引导,让孩子学会辨别对方是否真正需要帮助。

tip2: 设定界限,学会拒绝不合理的要求

要让孩子知道善良并不意味着要无条件地满足他人的所有要求,要学会设定界限,拒绝那些不合理或过分的请求。通过设定合理的界限,孩子才能在帮助他人的同时,保护自己的时间和精力。

比如有的孩子会遇到这样一种情况:同学向自己借文具,却经常"肉包子打狗",有借无还。孩子不开心却不知道如何处理,家长可以教孩子给同学画出"底线",如果这次没有按时归还,那么以后就再也不

借了。这样可以让孩子建立"底线"思维，在与其他人的交往中保持边界感。

家长可以和孩子讨论一些典型的场景，教孩子如何在不失礼貌的情况下设定界限。例如："我这次可以帮你，但下次你最好自己做。"或者："我能借给你这支铅笔，但我需要你今天放学时还给我。"通过这种方式，孩子可以在帮助他人的同时，保护自己的利益。

不内耗的孩子，过不一样的人生

尊重他人的选择，别怕被拒绝

我的秘密日记

我总是害怕被拒绝。每当我鼓起勇气请求帮助或邀请别人时，心里总是七上八下。如果被拒绝，我就特别难受，觉得是因为自己不够好。

有一次，我想邀请朋友去看新电影，她因为那天有别的安排拒绝了我。虽然我说"没关系"，但心里还是挺失落的。回家后，我越想越难过，甚至怀疑是不是自己做错了什么，让朋友不想和我一起去。后来才知道，她那天是去看望爷爷奶奶了。

还有一次，我向老师请教数学题，老师让我先自己思考。虽然老师没有直接拒绝我，但我还是觉得很受打击，觉得自己不够聪明。放学前，老师看我还没想出来，就耐心地给我讲解了一遍。

第三章
说"不"的勇气和听"不"的胸襟

这些经历让我变得越来越胆小,尽量不去请求帮助,生怕再次被拒绝。但慢慢地,我意识到每个人都可能被拒绝,这并不代表我不好。有时候,拒绝只是对方有原因,和我并没有太大关系。

我该怎样勇敢地面对拒绝呢?这需要我慢慢学习,接受拒绝是生活的一部分,并不是别人对我的否定。

> 拒绝,也不过就是一种选择。

增强信心

强大内心

心理专家帮帮忙

害怕被拒绝是许多孩子在成长过程中常见的心理现象。这种害怕通常源于孩子对自我价值的敏感,担心他人的拒绝会影响到自己在社交圈中的地位和自尊。然而，拒绝是社交生活的一部分，学会正确看待拒绝，既能帮助孩子增强自信，也能让他们更好地应对生活中的各种挑战。

拒绝是别人的一种选择，孩子会逐渐意识到，拒绝并不意味着否定。在面对他人拒绝时，要保持平和的心态，不要因为被拒绝而感到自卑或失落。

反内耗小诀窍

拒绝很常见，我们不仅要学习如何礼貌而坚定地拒绝他人，在面对他人的拒绝时也要保持自信和从容，不要过于敏感，不要害怕被拒绝。

tip1：理解拒绝的正常性，拒绝并非人际关系的终结

孩子需要明白，拒绝是一种正常的社交行为，每个人都有权利根据自己的情况决定是否答应别人的请求。拒绝并不意味着关系的终结，而是一种表达自我需求的方式。

家长可以和孩子分享一些日常生活中拒绝或被拒绝的经历，比如："有时候我也会拒绝别人的请求，因为我可能忙不过来，有时候别人也会拒绝我，因为人家可能有自己的事情要做。但这并不影响我们的正常关系。"通过这种分享，孩子会明白，拒绝是正常的，不必因为被拒绝而感到不安。

tip2：接受被拒绝，理解并尊重他人的选择

任何人都有拒绝的权利，孩子需要学会尊重他人的决定，理解他人的选择，并且要明白别人拒绝并不意味着对自己的否定。理解了这一点，

第三章
说"不"的勇气和听"不"的胸襟

孩子可以减少因被拒绝而产生的失落感和焦虑。

当孩子因为被拒绝而感到沮丧时,家长可以引导他们思考:"对方为什么会拒绝?他可能有自己的事情要做,没有时间帮你,他并不是在针对你。"帮助孩子理解他人的拒绝背后可能有多种原因。通过这种方式,孩子能够更理性地看待拒绝,从而减少负面情绪。

不**内耗**的孩子，
过不一样的人生

别伤心，
拒绝未必带有恶意

我的秘密日记

前几天，我兴奋地计划周末和小琪去游乐园，想了好多好玩的项目，比如骑旋转木马、坐摩天轮。但当我告诉她这些计划时，小琪却犹豫地说她可能有事去不了。我的热情一下子被浇灭了。

我尽量装作不在意，笑着说："没关系，改天再约。"可心里其实挺难过的。之后我又问了小琪几次，提出可以换个时间，但她总是找理由拒绝。我心情低落，怀疑是不是小琪不想和我做朋友了，或者我做错了什么。

每次看到她和其他同学玩儿，我心里就不舒服。我真的很困惑，小琪为什么要拒绝我呢？她是不是讨厌我了？

第三章
说"不"的勇气和听"不"的胸襟

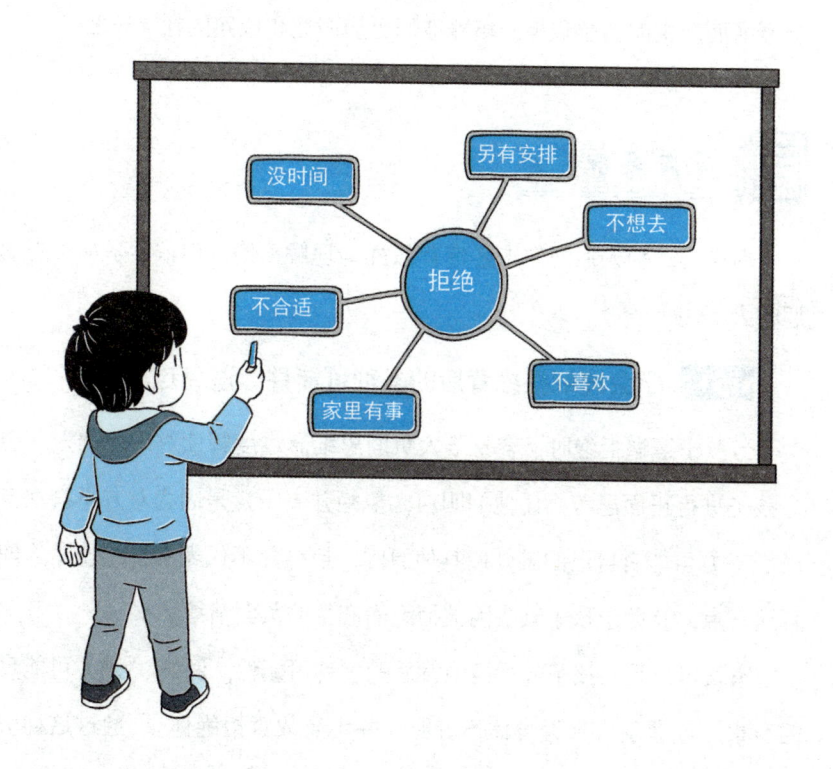

心理专家帮帮忙

在成长过程中,孩子们常常会把拒绝看作是对自己的一种否定,尤其是在面对朋友或亲密伙伴的拒绝时,这种感觉会更加强烈。孩子们容易将拒绝与敌意联系在一起,认为被拒绝就意味着自己不被喜欢、不被重视,甚至会怀疑自己在朋友心中的地位。

然而,拒绝的背后往往有着多种原因,未必带有恶意,也并不一定意味着对关系的破坏。朋友的拒绝可能是因为他们有自己的安排、情绪不佳或难以启齿的原因。帮助孩子理解和接受这一点,能够减轻他们因被拒绝而产生的情感负担，培养他们更加理性和成熟的社交态度。

反内耗小诀窍

别伤心，别人拒绝你未必带有恶意。理解拒绝，你依然是那个受欢迎的人。

tip1：学会理解拒绝背后的多种可能性，避免过度解读

当孩子遭遇拒绝时，容易陷入负面思维，过度解读对方的行为。引导孩子进行正面思考，让他们明白，拒绝并不一定是因为对方不喜欢自己。对方可能有自己的难处或其他原因，拒绝并不代表关系的破裂。理解这一点，有助于孩子减少因被拒绝而产生的负面情绪。

家长可以帮助孩子分析拒绝背后的多种可能性，例如："别人可能真的有事，或者别人那天身体不舒服，并不是故意拒绝你。"通过这种引导，让孩子明白，拒绝往往并不是针对他们本人，而是基于多种原因。

引导孩子进行正面思考，帮助他们更理性地看待拒绝，不再把拒绝与恶意联系在一起。

比如当孩子邀请同学来家里玩儿时，他可能会被拒绝，并因此感到难过，认为自己被排斥了。家长需要开导孩子，让他们明白，别人拒绝可能是出于其他原因，并不是因为不喜欢他。同时可以鼓励孩子试着再次邀请别人，等他们有空的时候再一起玩。

家长可以教孩子，在遭遇拒绝时，先冷静下来，不要立即得出负面的结论。可以问自己："对方拒绝我可能有哪些原因？是不是我想多

了?"通过这种自我反思,孩子能够学会以更平和的心态面对拒绝。

tip2: **增强自信,理解拒绝是社交的一部分**

孩子需要明白,拒绝是社交中不可避免的一部分,而不是对自己价值的否定。有时候你会拒绝别人,有时候别人也会拒绝你,这都是正常的。理解了这一点,孩子可以更从容地面对拒绝,不再因为拒绝而产生不必要的情感困扰。

家长可以鼓励孩子多参加社交活动,让孩子与不同的人交往,积累更多的社交经验,在这个过程中就会适应拒绝别人和被别人拒绝,从而逐渐建立自信。告诉孩子:"每个人都有被拒绝的时候,但这并不影响你们的关系。"通过这种鼓励,孩子能够理解,拒绝并不影响他们的自我价值和人际关系。

不 **内耗** 的孩子，
过不一样的人生

忘掉挫败感，
我们可以重新来过

我的秘密日记

上周的演讲比赛，我真是搞砸了。我本来准备得很充分，天天对着镜子练习，爸妈还帮我改了好几遍演讲稿。可比赛那天，一看到台下那么多双眼睛，我突然就紧张起来，脑子一片空白，忘了好些内容。虽然最后还是硬着头皮讲完了，但跟平时练习的差远了。

比赛结束后，我特别沮丧，回家就把自己关在房间里，满脑子都是比赛的情景，连饭都没吃。我不停地责怪自己：怎么就那么紧张呢？明明准备得好好的，怎么就讲砸了？感觉自己好失败。

我甚至不敢和朋友提这事，怕他们笑话。每次想起来，心情就特别差，我以后再也不参加这种活动了。

第三章
说"不"的勇气和听"不"的胸襟

挫折
失败

自我怀疑

自卑情绪

心理专家帮帮忙

孩子在成长过程中，难免会遭遇挫折和失败，让他们产生挫败感。如果不及时正确处理，这些挫败感可能会让孩子产生自我怀疑和自卑情绪，甚至可能因为一次失败而放弃今后的尝试。

帮助孩子认识到挫折和失败是人生的一部分，每个人都会经历。关键在于如何面对和处理这些挫败感，从中学会成长。失败并不可怕，重要的是从失败中吸取教训，重新振作起来，继续前行。这不仅能增强孩子的抗压能力，也能让他们在面对未来的挑战时更加自信和坚定。

反内耗小诀窍

挫折并不可怕，人生就是不断摔倒再爬起来的过程。忘掉挫败感吧，让我们重新出发，开始新的征程！

tip1: 接受挫败感，理解失败是成长的一部分

孩子需要学会接受失败，理解失败是成长过程中的正常现象。通过接纳自己的挫败感，孩子可以把注意力转移到如何改进自己上面，而不是陷入自我否定的泥潭。

家长可以和孩子分享自己的失败经历，例如："我小时候也有过类似的经历，当时我很难过，但后来我化悲痛为力量，从失败中学到了很多，从那以后我做得越来越好。"通过这种分享，孩子会明白，失败并不可怕，重要的是从中学到东西，为下次挑战做好准备。

tip2: 分析原因，寻找改进的机会

帮助孩子分析失败的原因，找到可以改进的地方，能够让他们从挫败感中走出来，从失败中看到希望。同时，分析失败的过程也是孩子自我反思和成长的重要环节，这种"复盘"会让孩子快速成长。

孩子在某些活动中的表现达不到自己的期望是常见的现象，比如演讲、比赛等一些竞技性的活动或在公众场合进行的活动会让孩子紧张，从而无法发挥出正常水平。家长可以教孩子在活动前做一些放松训练，比如深呼吸或者闭目冥想等，从而缓解紧张情绪。

家长可以引导孩子问自己："这次失败是因为什么？我可以在哪些方面做得更好？"通过这种反思和复盘，孩子可以逐步找到改进的方法，看到未来的希望，提升自己。

tip3：放下过去，重新出发

帮助孩子认识到失败并不是终点，而是重新开始的起点。让他们学会放下过去的挫败感，重新出发，更加积极地面对未来的挑战。

家长可以告诉孩子："过去的已经过去了，永远不会回来。但是我们可以从头再来，争取下一次做好。"鼓励并帮助孩子制定目标，并帮助他们一步步实现这些目标，让他们一步步积累信心，逐渐摆脱挫败感的阴影。这样孩子就会明白，每一次失败都在为下一次成功奠定基础，只要不放弃，总有重新来过的机会。

不内耗的孩子，过不一样的人生

克服"讨好型人格"

我的秘密日记

我发现自己总是很在意别人的看法。无论是家人、老师、朋友，甚至是路人，我都希望他们能喜欢我、认可我。为了让大家都满意，我常常压抑自己的真实感受，尽量迎合他们的期望。

比如，我不喜欢吃青椒，但当妈妈做了青椒炒肉，我还是硬着头皮吃了，不想让她觉得自己的劳动没被尊重。尽管味蕾抗议，我还是装作很喜欢，妈妈看我吃得香，开心地说以后会常做。

还有一次，同学们邀请我参加小组活动。我已有很多功课，但不想被认为不合群，就答应了。结果，这个活动耗费了我大量时间，完成后我特别累，成果也不如预期。

这些事让我很矛盾。我不想让人失望，总是尽力让别人舒

第三章
说"不"的勇气和听"不"的胸襟

适开心,但每次迎合他人,我都感到很累,很压抑。我不知道怎样才能做回自己,不讨好别人,也能得到认同。

心理专家帮帮忙

"讨好型人格"指的是为了获得他人的认可或避免冲突,而压抑自己的真实感受,去迎合他人的需求。这种人格特质可能会让孩子在短期内获得他人的赞许,但从长远来看,却可能导致孩子失去自我,难以建立真正健康的自我认同和人际关系。

帮助孩子克服"讨好型人格",关键在于引导他们学会尊重自己的感受,勇敢表达自己的真实需求,而不是一味地迎合他人。通过建立健康的自我认同,孩子可以在与他人的交往中保持自己的独立性,同时也能在获得他人尊重的同时，真正找到属于自己的快乐和满足感。

反内耗小诀窍

每个人都是独一无二的，天生我材必有用，你不必妄自菲薄。从现在起，接纳自己、做好自己，无须讨好任何人。

tip1: **认识并接纳自己的真实感受，设定个人界限**

孩子需要学会识别自己的情感和需求，理解并接纳自己的真实感受，学会在与他人交往中保持自己的独立性，设定合理的个人界限，而不再一味地迎合、讨好他人。通过这种自我认知和边界感，孩子可以逐渐建立起健康的自我认同。

家长可以鼓励孩子每天反思："今天我做了哪些事是为了自己？哪些是为了讨好别人？"帮助孩子认识到自己的真实需求，并让他们明白，自己的感受同样重要，不必为了取悦他人而忽视自己内心的声音。

tip2: **增强自我价值感，摆脱对他人认同的依赖**

孩子需要明白，自己的价值并不依赖于他人的认可和评价，自我认同和个人成就更加重要。通过增强自我价值感，孩子可以逐渐摆脱对他人认同的过度依赖，从而找到自己内心的平衡和自我认同。

家长可以让孩子体验通过自己的努力获得成就感，增强他们的自我认同。这样他们就不会过度依赖外界的认可。可以帮助孩子设立个人目标，并鼓励他们通过努力去实现这些目标。比如孩子在按时完成作业后，家长可以说："今天你按时完成了作业，表现得很好。重要的是你为自己感到自豪,而不是为了得到别人的表扬。"

有的孩子很在意老师的评价,因此他们考试前会过度紧张,内心也会产生很大的压力。家长可以告诉孩子不必担心自己考不好,而只需要关注是否达到了自己设定的目标,比如考试有没有比上次进步。即使没有得到老师的表扬,只要自己进步了,就是值得高兴的事。这样引导孩子关注自己的进步,尝试从自己内心寻找满足感,而不是一味地追求外界的认可。

第四章

想做大赢家，是上进还是攀比

不**内耗**的孩子，
过不一样的人生

竞争和攀比，
究竟有什么不同

我的秘密日记

最近，我在学校感到了一种说不出的压力。每次考试后，听同学们讨论成绩，我的心情就复杂起来。考得好时我有点得意，考得不好时我就失落，甚至怀疑自己。

记得数学考试我得了90分，本来挺满意的，但听说小张考了95分，我心里就不舒服了。我不停地想："为什么他比我考得好？我是不是不够聪明？怎样才能超过他？"这种比较让我不开心，也影响了学习。

我发现自己越来越在意别人的看法，无论是考试、体育还是班级活动，我都在和别人比，好像只有超过别人，才能证明自己。这种心态让我感到很累。

我开始困惑，竞争真的就要不断比别人强吗？还是我陷入

第四章
想做大赢家，是上进还是攀比

了无休止的攀比？我需要找到答案。

竞争？ 攀比？

成长　焦虑
进步　嫉妒

心理专家帮帮忙

在孩子的成长过程中，竞争和攀比是常见的现象。竞争心态在一定程度上可以激发孩子的潜力，超越过去的自己，实现更高的目标。可以说，竞争本质上是一种积极的行为，能够促进孩子不断进步和成长。而攀比则是一种过度关注他人表现、忽视自身需求的行为。攀比通常会对别人的成功或者幸福感到嫉妒或焦虑，容易让孩子陷入自我怀疑和内心冲突中。

帮助孩子区分竞争和攀比，学会正确地与他人比较，对孩子的自尊感、幸福感是非常重要的。通过疏导孩子内心的焦虑，引导他们在竞争中激发内在的动力，能够让孩子在追求进步的同时，保持心理健康和积极的自我认同。

反内耗小诀窍

面对孩子的攀比之心，家长也不用过度紧张，可以引导、培养孩子健康的竞争心态，激发孩子的进取心。

tip1：引导孩子"正确比较"，减少攀比心理

攀比往往源于对他人优点或物质条件的嫉妒，同时对自己不足之处的放大。引导孩子正确认识每个人的独特性，通过比较，发现并欣赏他人的优点，保持内心的平衡。同时在比较中找到自己的不足，把攀比心转化成竞争动力。

有的孩子很要强，每次考试都要跟其他同学比。如果某次考试或者某个学科不如别人，就会非常沮丧，甚至陷入自我怀疑。家长可以开导孩子，让他们知道每个人都有自己的长处，不如别人的地方可以向别人学习，但没必要给自己太大的压力。

家长可以引导孩子思考："我学到了什么？我在哪些方面表现得比以前好？"通过这种反思，孩子会逐渐将注意力转向自己的成长，而不是与他人攀比上。

tip2：增强自信，专注自我提升

家长要让孩子学会将注意力集中在自己的努力和进步上，通过设立并实现目标，增强自信，实现个人的成长进步。

家长可以帮助孩子设定明确的个人目标，例如"这次考试我希望比上次多得5分"或"下次比赛我要跑得比这次快一些"。通过设定具体明确的目标，孩子可以在一步步实现目标的过程中获得成就感，而不是在与他人比较中感到压力。

同时，家长可以通过鼓励孩子回顾自己的努力和成就来增强他们的自信心。例如："你这次语文成绩进步很大，因为你每天都早起晨读，这个好习惯应该坚持下去，你的成绩会越来越好。"让孩子意识到，真正的成功和幸福感来源于自我提升，而不是仅仅依赖与他人的比较。

不 **内耗** 的孩子，
过不一样的人生

"第一"只有一个，不必过分苛责自己

我的秘密日记

上周学校举行了英语演讲比赛，在此之前我十分期待。我花了好多时间准备，改稿子，对着镜子练习，一心想着要拿第一。

比赛那天，我穿着校服，信心满满地上台。演讲时，我觉得自己讲得不错，台下掌声也很给力。比赛结束，我好激动，等着宣布结果。

可当主持人说第一名是小琳时，我的心情一下子跌到谷底。虽然我拿了二等奖，但心里还是有点失落。回家路上，我忍着眼泪，不停地问自己："为什么不是我？我哪里做得不好？"

回家后，妈妈看我情绪低落，问我怎么了。我告诉她比赛

第四章
想做大赢家，是上进还是攀比

的事，妈妈安慰我说："二等奖很棒了，你应该为自己骄傲。"但我还是觉得，只有拿第一才是真的成功。

心理专家帮帮忙

在成长过程中，孩子常常被鼓励去争取第一名，这种追求卓越的心态本身并没有错。然而，过分强调第一名的重要性，会对孩子造成非常大的心理压力。当他们无法达到心目中的最高标准时，容易产生自我否定和失落感。

人外有人，天外有天。在竞争中，第一名往往只有一个，而优秀的人却有很多。过度追求第一，忽略孩子客观上的进步和努力，可能会让他们产生巨大的挫败感，影响自信心和心理健康。

帮助孩子正确看待"第一"的意义，学会欣赏自己的努力和成长，比单纯地追求第一名更重要。保持适度的好胜心，孩子们才能在竞争中保持积极的心态，从中获得真正的成长。

反内耗小诀窍

输得起才能赢得了，忘记第一的名次，学会体验并享受成长的过程吧！

tip1：降低期望，辩证地看待"第一名"

第一名当然值得争取，孩子考了第一也不用吝啬表扬。但家长也要让孩子明白，第一名是稀缺的，它的获得不仅需要实力，有时候也需要一些运气，得不到第一名也不用沮丧。家长更不要经常拿别人家的孩子跟自家孩子做对比。

有的孩子只要没有得到"第一"就会感到很失落。家长要引导他们看到自己的付出和努力，让他们知道，不必过分纠结结果。即使没有拿第一，但准备的过程中只要是努力的、用心的，就是值得自豪的事情。

tip2：重视过程，关注成长

培养孩子的成长型思维，让他们关注自己的进步和学习过程，而不是只看重最终的结果。这样，孩子更会把注意力更多地放在追求目标的过程中，就算得不到第一，也有所收获，更不会因为一时的"失败"而否定自己。

家长可以和孩子一起回顾他们为考试或参加活动所做的准备，例如："你为了这次的演讲比赛，练习了这么多次，不仅勇敢地站上了舞台，表达能力也提高了很多，这些都是很了不起的。"通过肯定孩子的努力，让他们意识到过程同样值得骄傲。

在日常交流中，可以更多地询问孩子在活动或学习中学到了什么，有哪些新的发现，而不是只关注成绩。例如："通过这段时间的学习，你觉得自己哪一科提升最快？之后你打算加强哪一科呢？"通过这种方式，孩子会更加关注自己的成长，而不是被名次所束缚。

比胜利更重要的，是对自我的坚持

我的秘密日记

学校的篮球赛上，我和队友们拼尽了全力。我们训练了好几个月，就为这场比赛。比赛时，我们打得很好，比分一直紧咬不放。但最后几分钟，对手突然爆发，我们只比对手差两分，输掉了比赛。

终场哨声一响，我感到难以言说的失落。明明胜利就在眼前，却没能抓住。我和队友们都低着头，心情沉重。回到家后，我告诉了爸爸比赛的事。爸爸看着我说："记住，有时候坚持原则和信念比赢更重要。"

他继续问："比赛中你们尽全力了吗？你按自己的风格打球了吗？在压力下，你保持冷静，遵循战术了吗？"爸爸的话让我开始思考。也许胜利不是唯一重要的，更重要的是我是否坚

第四章
想做大赢家，是上进还是攀比

持了自己的打法和信念，是否尽了最大努力。

> 胜利固然好，失败也并非全无价值。

心理专家帮帮忙

在成长过程中，孩子们常常将胜利视为唯一的目标，而不太理解失败的价值。胜利固然重要，但对个人成长来讲，在追求胜利的过程中，特别是在遇到挫折或失败的时候，能否坚持自己的信念和原则更值得关注。坚持不仅是在逆境中不放弃、不妥协的内在力量，也是通向最终胜利的阶梯。

坚持意味着无论过程如何艰难，孩子都能保持初心，按照自己的信念和价值观行事。坚持自己的信念，意味着孩子在面对挑战时，不会因一时的困难和失败而动摇，也不会为了迎合他人或追求短期利益而背弃最终的目标。这种坚持，能够让孩子形成坚强的意志，拥有坚定的勇气，同时在坚持的过程中学到的宝贵经验，也是促进他们迅速成长的宝贵条件。

反内耗小诀窍

胜利固然可喜，失败也不可怕。无论面对何种困难和挫折，都要坚持信念，把追求胜利路上的绊脚石当作锤炼意志的踏脚石。

tip1: 设定小目标，从小事做起

坚持需要发自内心的意志力和长期的好习惯，因此需要在孩子的日常生活中逐渐培养。可以先从设定小目标，做一些容易完成的小事开始。比如坚持每天阅读几页课外书、练习一页书法、写完作业后整理自己的书桌、九点准时睡觉等。

通过完成这些容易完成的小事，让孩子习惯于"掌控"自己的行为，习惯于完成某项目标。这实际上是对孩子意志力的锻炼和做事不半途而废的习惯培养，以及一种人生态度潜移默化的影响。

从小事开始，从小处着手，让孩子逐渐把这种行为和思维模式植入日常生活和学习中去，从而帮助他们在面对压力和挑战时，依然能坚持信念和原则，不因外界的干扰而偏离方向。

tip2: 增强信心，学会从失败中汲取力量

在孩子坚持的过程中，家长是他们坚强的后盾，要让孩子明白，失败并不可怕，放弃才是。遇到困难时，家长通过及时表达鼓励和支持，让孩子感受到他们的努力被看到。

第四章
想做大赢家，是上进还是攀比

当面对孩子暂时的失利时，家长可以和孩子一起分析原因，帮助孩子从中汲取经验，找出哪些地方可以改进，让他们在下一次挑战中可以做得更好。比如可以告诉孩子："失败只是暂时的，虽然这次考试成绩不理想，但我们发现了薄弱点在哪里，以后就可以有针对性地补习，相信你下次遇到同样的问题时就不怕了。"这样可以帮助孩子从失败中总结经验教训，会让孩子更加坚强和自信。

不 **内耗** 的孩子，
过不一样的人生

到底什么才值得炫耀

我的秘密日记

最近，学校里同学们总爱炫耀自己。有的夸自己考高分，有的炫耀新手机，还有的说家里房子有多大。每次听到这些，我心里五味杂陈。我也会想，如果我有这些，会不会也忍不住炫耀一番？

班上有个同学炫耀假期去了国外，照片里是蓝天白云、豪华酒店，大家都羡慕极了。我默默听着，心里有点失落。我的假期就是在家读书、写作业，没什么好炫耀的。

回家后，我和妈妈聊起这事。妈妈听完，笑着问我："你觉得什么才真正值得炫耀？"我愣住了，开始思考。难道只有物质的东西才值得骄傲吗？还是说，有更有意义的东西？

第四章
想做大赢家，是上进还是攀比

炫耀

炫富　　　　　炫自己

心理专家帮帮忙

在孩子的成长过程中，他们常常会被外界的物质诱惑或"多姿多彩"的社会现象所吸引，认为拥有这些物质或经历是一种"高人一等"的表现，有些孩子会沉溺在这些外在事物中，并常为此炫耀。

其实，这样的炫耀并不能带来真正的认同，这种炫耀带来的自信也是虚假的，没有根基的。真正值得炫耀的，也不是表面的光鲜，而是内在的品质、努力的成果和独特的价值观。

孩子需要学会辨别哪些事物是暂时的、肤浅的，哪些事物又是长久的、深刻的。帮助孩子树立正确的价值观，让他们认识到内在的成长和坚持才是真正值得骄傲的，能够让他们在面对外界的诱惑时保持清醒，不会被表面的光鲜所迷惑。

反内耗小诀窍

从现在起，拒绝肤浅、拒绝表面光鲜的炫耀，培养真正值得骄傲的"个人品牌"。

tip1：引导孩子树立正确的价值观

孩子会受到身边环境的影响，容易关注一些外在的、肤浅的、虚荣的事物，家长需要有意识地引导他们树立正确的价值观，帮助他们学会识别什么是真正有价值的，而不是一味地追求、炫耀外在的事物。

家长可以引导孩子反思："听你说同学向你炫耀好看的文具盒，那你想过这东西到底能给他带来什么吗？如果这个文具盒是你的，你会把注意力放在它上面吗？"引导孩子重视那些能够带来内在成长和自我提升的事情，比如："你这次帮助了同学，虽然没有人夸奖你，但这是一种真正值得骄傲的品质。"

tip2：建立内在的自信，不依赖外在认可

孩子需要明白，内在的品质和成长才是最值得骄傲的。学会从内在寻找自信，而不是依赖炫耀物质或外界认可获得价值感。如良好的学习习惯、乐于助人的品质、不怕困难的韧性等。通过建立内在的自信，孩子可以更加坚定地追求自己的目标，而不被外界的诱惑所影响。

家长可以鼓励孩子每天反思自己的努力和进步，肯定自己的优点和成就。例如:"今天是你坚持学习小古文的第 47 天,虽然老师不知道你的努力,但你自己知道,这是很了不起的事情。"通过这种内在价值的自我肯定,孩子可以逐步摆脱对外在认可的依赖,找到内心的平衡和满足,获得个人成长过程中持久的动力源泉。

不 **内耗** 的孩子，
过不一样的人生

品牌价值
不是"我的价值"

我的秘密日记

　　最近班上同学都在聊名牌，比谁的衣服、鞋子更贵，谁的手机更新。小华那天穿了双新名牌运动鞋来学校，一下成了焦点，大家都夸他的鞋酷、时尚。

　　我也有点羡慕，心想如果我有一双这样的鞋，是不是也会受大家欢迎？回家后，我就跟妈妈说想买双一样的名牌鞋。

　　妈妈听了，笑着问我："这鞋真能给你带来什么吗？"我想了想说："大家会喜欢我，觉得我酷。"妈妈又问："但别人是喜欢你的鞋，还是你这个人呢？"这个问题让我愣住了，我开始想，是不是真正的价值在于我自己，而不是穿什么品牌？

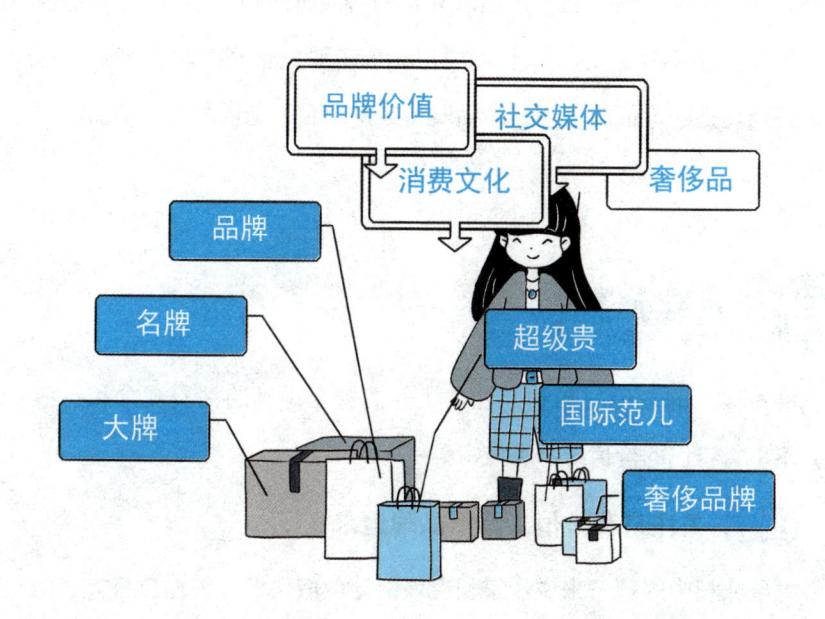

第四章
想做大赢家，是上进还是攀比

心理专家帮帮忙

随着社会发展和人们生活水平的提高，越来越多的品牌融入人们的日常生活。很多孩子吃的、穿的、用的，都是"名牌"，甚至是奢侈品牌。然而，我们也要警惕孩子过度追求品牌的倾向。

在消费文化和社交媒体的影响下，孩子常常会把物品的价值，误认为是自己的价值。他们可能认为，拥有名牌物品会让自己更受重视，更有吸引力，从而能够带来社交认可和自我满足。然而，这种依赖外在物品的个人形象，并不能真正代表一个人的价值，由此带来的自我价值感往往也是脆弱和短暂的。

对孩子来说，追求名牌，追求外在的"品牌价值"，可能会对他们的价值观产生不良影响。家长需要帮助孩子树立正确的价值观，让他们认识到真正的价值源自内在的品质和努力，而不是依赖外在的品牌和物质。

反内耗小诀窍

培养孩子的自信心和独立性，让他们树立正确的消费观念和价值观，不再将自己的价值与品牌挂钩。

tip1：关注自我价值，降低品牌追求

对于成长中的孩子来说，家长应该引导他们认识并关注自身，让他们明白自我价值源于自身的品质、能力和努力，外在的品牌只是一件附属品。

家长可以引导孩子反思："你喜欢这双鞋子，是因为同学们都说它是大牌，还是因为它真的适合你？"通过这种引导，帮助孩子降低对品牌的追求，让他们明白适合自己的产品就是最好的。

同时帮助孩子关注和发展自己内在的品质和能力，从而不依赖物质和品牌来获得自我认同。比如有的孩子羡慕同学们用最新款的电子产品，家长可以告诉他们，电子产品只是一个为我们的生活和学习服务的工具，与其追求新款的东西，不如把时间和精力放在提升自己上，才华和人品才是一个人的个人品牌，从而让孩子认识到，内在的成长比外在的品牌更重要。

tip2: 培养独立思考能力，树立正确的消费观

教导孩子正确理解消费文化，培养他们独立思考的能力和理性消费观念，不盲从媒体和广告，在面对消费诱惑时保持理性和清醒。这样孩子可以更清晰地认识到自己真正需要的是什么，而不是盲目追随潮流。

家长可以在日常生活中引导孩子，帮助孩子树立理性的消费观念，例如在购买物品前，先问自己："我真的需要这个吗？它对我的生活有什么实际帮助？"通过这种反思，孩子可以学会区分真正的需求和虚荣的欲望，从而做出更明智的选择。

第五章

压力好大,我的世界才不是无忧无虑

不 **内耗** 的孩子，
过不一样的人生

学习那么累，我的压力也很大

我的秘密日记

最近，学习的压力让我感觉越来越累。作业堆成山，考试和测验一个接一个。老师总提醒我们要多复习、多做题，才能取得好成绩。我明白学习重要，但有时真觉得喘不过气来。

有一天晚上，我坐在书桌前，看着成堆的课本和习题，突然感到前所未有的疲惫。我开始问自己，为什么要这么努力？考得好真的那么重要吗？我发现自己越来越怕考试，怕考不好让父母失望。考前的焦虑和紧张，甚至让我夜里做梦都在考试。

我不敢把这些告诉父母，虽然他们也希望我成绩好，总是劝我别给自己太大压力。但面对这些，怎么可能压力不大呢？

第五章

压力好大，我的世界才不是无忧无虑

心理专家帮帮忙

在孩子的成长过程中，学习压力是一个普遍存在的问题。随着学业负担的增加，加上来自家长和老师的期望，以及同学之间的竞争，孩子们常常因压力感到焦虑、紧张。当学习压力过大时，不仅可能影响孩子的学习成绩，还可能对他们的心理健康产生负面影响，严重的甚至会使他们产生厌学情绪或者抑郁。

帮助孩子正确认识和应对学习压力，学会合理安排学习时间、调节情绪，能够让他们在压力和学习之间达到更好的平衡。同时，父母和老师的支持和理解，也是帮助孩子缓解学习压力的重要因素。

反内耗小诀窍

作为家长，既要关心孩子的学习，也要关注他们的心理健康。让我们重视起来，引导孩子正确认识和缓解压力，帮助孩子更健康、轻松地成长。

tip1：制订合理的学习计划，缓解压力

首先，家长要正视和理解孩子压力的存在，通过与孩子的沟通了解他们压力的来源。家长可以和孩子一起讨论："你觉得哪些事情让你感到压力？这些压力对你的学习有什么影响？"通过了解压力的来源，引导孩子把压力转换为动力。比如对担心考试的孩子说："考试的确会带来压力，但这也是检验你得学习成果的机会。"

缓解学习压力的一个重要方法就是制订合理的学习计划，确保学习和休息的时间分配合理，这样孩子能够在学习中找到平衡，不再被过度的压力所困扰。

有的孩子每天放学后马上埋头做作业，其间也不休息，但这会导致他的学习效率很低，甚至影响第二天的学习状态。家长可以建议孩子每天给自己安排出一些休息时间，比如学习1小时后休息10分钟，休息期间做一些放松的活动。这样可以提高学习效率，减轻心理压力。

tip2：培养积极的心态，学会放松

帮助孩子培养积极的学习心态，学会在学习中寻找乐趣。通过学习

一些放松技巧，孩子可以在面对压力时保持冷静和自信。

家长可以教孩子一些简单的放松技巧，如深呼吸、冥想，或者在学习间隙进行轻松的活动，如听音乐、散步等。通过这些方法，孩子在感到学习压力的时候，可以及时进行自我调节，保持情绪的稳定。

有的孩子在考试前会非常紧张，严重的甚至晚上睡不着觉，影响第二天正常发挥。家长可以教孩子在考试前的晚上做几组深呼吸练习，听一些轻松舒缓的音乐，帮助孩子放松心情。这样可以减轻紧张感，提高睡眠质量，帮助孩子考试时正常发挥。

不 **内耗** 的孩子，
过不一样的人生

爸爸妈妈总吵架，我该怎么办

我的秘密日记

最近家里气氛很紧张，爸爸妈妈经常为小事吵架，争得面红耳赤。他们一吵，我就心里难受，有一种说不出的滋味。

有一次他们又吵了起来，我躲在房间里，听着外面的声音，心里害怕极了。我不敢出去劝，只能自己偷偷哭。我多希望他们能停下来，但又觉得自己没资格说话。那晚，我一直在想，是不是因为我不够好他们才吵？如果我做得更好，他们是不是就不吵了？

我不敢告诉别人这件事，孤单极了。我真不知道该怎么面对，不知道该怎么做他们才不吵架。

第五章
压力好大，我的世界才不是无忧无虑

心理专家帮帮忙

家庭氛围对孩子的成长、性格的形成有着重要影响，当孩子目睹父母的争吵时，他们会产生极度的不安全感，可能会错误地认为是因为自己引发了父母争吵。他们会感到孤独和无助，变得焦虑、不安，年龄小的孩子会变得胆小懦弱，年龄较大的孩子容易叛逆。父母经常吵架还会引起孩子对婚姻的不信任感，他们将来可能会模仿父母的行为，导致婚姻不幸福。

父母应尽量维持和睦的家庭氛围，心平气和地解决问题，避免在孩子面前争吵。如果父母争吵被孩子发现了，也要让孩子认识到，父母的争吵是他们之间的事情，而不是孩子的责任。同时，教导孩子学会应对这种情况，这样可以减轻他们的心理负担，避免给他们的心理带来伤害，造成严重的后果。

反内耗小诀窍

父母吵架怎么办？让孩子记住，那不是孩子的错，也不是不爱他们。给孩子找个不受影响的"安全空间"吧！

tip1：正确认识父母争吵

对孩子来说，来自家庭的支持和关爱永远是他们最大的依靠。孩子需要明白，父母争吵是成年人之间的问题，通常与自己无关，他们无须为此感到内疚或自责。父母在吵架后，要及时关注孩子的心理状态，告诉孩子，父母争吵不是因为孩子做得不够好。

有些孩子内心非常敏感，当他们发现父母吵架时，会担心父母离婚，家庭破裂，自己变成"单亲家庭的孩子"。家长争吵后冷静下来，要及时关注孩子的情绪变化，主动解释和安慰，告诉孩子，虽然父母有时意见不合，但这不影响对家庭的责任，也不影响对孩子的爱。这种解释能够帮助孩子卸下内心的负担，缓解他们的焦虑和不安，让他们感受到父母的理解和关爱，帮助他们建立对家庭和谐的信心。

tip2：提供情感支持，寻找"安全空间"

在面对父母的争吵时，孩子可以通过寻找情感支持和应对策略，来缓解自己的焦虑。教会孩子如何在家庭冲突中给自己找到一个"安全屋"，以及如何在父母争吵时让自己放松，是帮助他们应对这种情况的有效方法。

第五章
压力好大,我的世界才不是无忧无虑

家长可以教孩子一些降低争吵影响的方法,如去自己的房间听音乐、读书等,让他们在父母争吵时转移注意力。告诉孩子:"你可以去房间听一会儿音乐,或者读一本你喜欢的书,等我们冷静下来再一起聊聊。"这种方法可以帮助孩子在冲突中找到一个安全的空间,减少对争吵的关注。

不 **内耗** 的孩子，
过不一样的人生

看不见的不和谐的家庭氛围，莫名其妙的"压力源"

我的秘密日记

最近，我总感觉家里的气氛有些不对劲。虽然爸爸妈妈表面上若无其事，但我能感觉到他们之间似乎出了一些问题。他们偶尔会在房间里小声争论，这种紧张的感觉让我心里很不舒服。

做作业或看电视的时候，以前那种轻松的氛围不见了，总感觉有一种无形的压力笼罩在我周围。我开始变得焦虑，经常会胡思乱想，担心爸爸妈妈是不是有什么不好的事情瞒着我。

这种感觉让我有种说不出来的难受，但我又不知道该怎么和父母说。是我自己想多了，还是家里真的出了什么事情？这些莫名其妙的"压力源"到底是从哪里来的呢？

第五章
压力好大，我的世界才不是无忧无虑

压力山大

家庭关系紧张　　气氛压抑　　父母关系不和谐

心理专家帮帮忙

家庭是孩子成长的港湾，家庭氛围对孩子的情绪和心理健康有着深远的影响。如果家庭经常处于紧张和压抑的状态，即使父母没有明显的争吵或冲突，这种看不见的不和谐氛围，也会成为笼罩在孩子心灵上的阴影，成为孩子坏情绪和压力的潜在来源。

孩子在感受到家庭中的紧张气氛时，也会自然而然地产生心理压力，会感到困惑、不安，或者对未来产生担忧。如果孩子的这些负面情绪没有得到及时的关注和处理，可能会导致他们的心理压力不断累积，影响他们的学习和生活。因此，帮助孩子识别这些"看不见"的压力源，并学会应对和释放负面情绪，是父母需要特别关注的。

反内耗小诀窍

不论有什么样的困难，作为父母，都要努力维持和谐稳定的家庭环境，给孩子提供一个安全、温暖的成长空间。

tip1：创造开放的沟通环境，缓解孩子的压力

很多问题和父母情绪的产生源自沟通不畅，通过创造一个开放的沟通环境，可以让孩子对家庭现状更加了解，对家庭成员更加理解，从而减少他们的担忧和焦虑。

家长可以和孩子坦诚地交流家庭的现状，帮助孩子理解家庭中的变化或矛盾。比如告诉孩子："最近因为投资的事情让我们有点紧张，但这些并不是你的错，你不用担心。"这种坦诚的沟通可以帮助孩子认识到，家庭中的紧张气氛并不意味着家庭有大的问题，从而减轻他们的压力和焦虑。

同时父母也给孩子充分表达他们的感受的空间，让孩子感觉到父母是重视他们的，让他们得到父母的情感支持，避免情绪的压抑和积累。

有些孩子对家庭氛围的变化非常敏感，他们会主动询问父母是不是家里出了什么事情，或者是不是自己做错了什么。当孩子询问时，父母不要回避，要向孩子说明原因，并肯定孩子对家庭和父母的关心。

家长要多关注孩子的情绪变化，主动询问孩子的感受，并鼓励他们说出内心的担忧和困惑。例如："我发现你这几天闷闷不乐，是不是在担心爸爸妈妈会吵架？你有什么想法？我们可以一起聊聊。"通过这种交流，孩子可以获得父母的理解和支持，减少因家庭关系紧张而产生的无形压力。

tip2: 教孩子应对家庭中的压力

通过一些放松技巧和积极的活动，帮助孩子释放压力，保持心理平衡和健康。

家长可以和孩子一起参与一些放松和减压的活动，例如全家一起郊游，或者陪孩子打球、跑步，以及参加一些轻松的家庭游戏。这些活动可以帮助孩子释放压力，并增强家庭的凝聚力，改善家庭氛围。

当父母发现孩子受到家庭氛围的影响而变得情绪低落或者紧张不安时，可以试着改变在家里讨论工作的习惯，或者停止聊一些沉重的话题。父母可以抽出时间带着孩子一起散步，聊一些轻松有趣的话题，给孩子创造一个没有压力的氛围。

不 **内耗** 的孩子，
过不一样的人生

"别人家的孩子"的强大压迫感

我的秘密日记

每次家里来了客人，妈妈总是忍不住提到隔壁家的小明。小明不仅学习成绩名列前茅，还会拉小提琴，体育也很棒。妈妈总是对我说："你看看人家小明，多么优秀！要是你也能像他一样，我就放心了。"

听到这些话，我心里很难受。我觉得自己很没用，不管怎么努力，我都赶不上小明，无法让妈妈满意。我想问妈妈，为什么总是拿我和小明比？但我又不敢。我觉得小明给了我一种沉重的压迫感，仿佛有一个无形的标准在时刻提醒我，我离"优秀"还差得远。

第五章
压力好大，我的世界才不是无忧无虑

别人家的孩子

自尊心受挫
自卑
信心崩塌

心理专家帮帮忙

生活中，许多父母喜欢用"别人家的孩子"来教育自家孩子。他们过度关注和表扬"别人家的孩子"，让自家孩子去做对比，希望通过这种方式激励自己的孩子。殊不知，"别人家的孩子"的压迫感，就来源于此。

孩子在与"别人家的孩子"比较的过程中，往往会觉得自己一无是处，自尊心会受到伤害，甚至产生自卑感。长此以往，他们会给自己贴上不够好、不够优秀的标签，从而失去对自我价值的肯定。

这种"别人家的孩子"的压迫感，不仅会影响孩子的自信心，还可

能导致他们在成长过程中不断追求外在的认可，而忽视了自身的独特性和内在的成长。父母主观上可能是想通过"别人家的孩子"激励自家孩子，客观上却容易让孩子处于"别人家的孩子"的阴影之下，承受不必要的压力和痛苦。

反内耗小诀窍

帮助孩子建立健康的自我认同，认识到每个孩子都有独特的优点和价值，远比与他人进行无谓的比较更重要。

tip1：认识自己的独特价值，建立自信

孩子需要明白，每个人都有独特的优点和成长路径，不必用相同的标准与他人比较，过度关注别人、与别人比较只会带来不必要的压力和自卑感。家长要帮助孩子认识自己的价值，找到适合自己的目标和方向，建立自信，欣赏自己，成就自己。

家长可以和孩子一起讨论他们的兴趣和特长，并强调这些独特之处。例如："你在绘画上很有天赋，这是你的特长，而小明在体育上表现优秀，你们各有各的长处。"通过这种鼓励，孩子可以认识到自己的价值，并且不会因为与他人的比较而感到压力。

帮助孩子设立切实可行的个人目标，让孩子在实现这些目标的过程中建立自信心。告诉孩子："我们不用和别人比，只要你比上个月有进步，就是值得庆祝的事情。"在实现这些短期和长期目标的过程中，孩子会体会到成就感，逐渐学会欣赏自己的努力和成果。

tip2: **减少与他人的比较，关注孩子的进步**

有的父母经常拿自家孩子和别人家的孩子比，导致孩子对自己的表现越来越不自信。家长在与孩子沟通时，应尽量避免这种比较，而是要更多关注孩子自身。"好孩子是夸出来的"，要善于发现孩子的优点，对孩子成长中点点滴滴的进步都要鼓励和表扬。

父母意识到将孩子与"别人家的孩子"进行比较的做法后，可以把更多的关注放在孩子自身的成长和进步上面。家长还可以设立一些鼓励机制，当孩子在学习或生活上有了进步，哪怕是很小的进步，父母也要及时给予鼓励。这样孩子才能恢复自信，进步也会越来越大。

第六章

社交变形记：
从小"社恐"到小"社牛"

不**内耗**的孩子，
过不一样的人生

一紧张就结巴，会被笑话吗

我的秘密日记

我在公开场合讲话时容易紧张，甚至会不由自主地结巴。有一次，老师让我在全班同学面前发言，刚开始我还挺自信的，可是话说到一半，我突然心跳加速，脑袋一片空白，结果说话也开始变得磕磕巴巴。

我看到几个同学偷偷笑了起来，顿时脸涨得通红，手心里全是汗。我心里一直在想，他们是不是在笑话我？我是不是特别糟糕？从那以后，每次需要在大家面前发言，我都会很紧张，生怕自己又会结巴。

有时候，我甚至会提前想好各种借口，避免在课堂上发言。我不敢和任何人说这些担忧，因为我害怕被人取笑。可是，这种担心一直困扰着我，让我越来越害怕在大家面前开口。

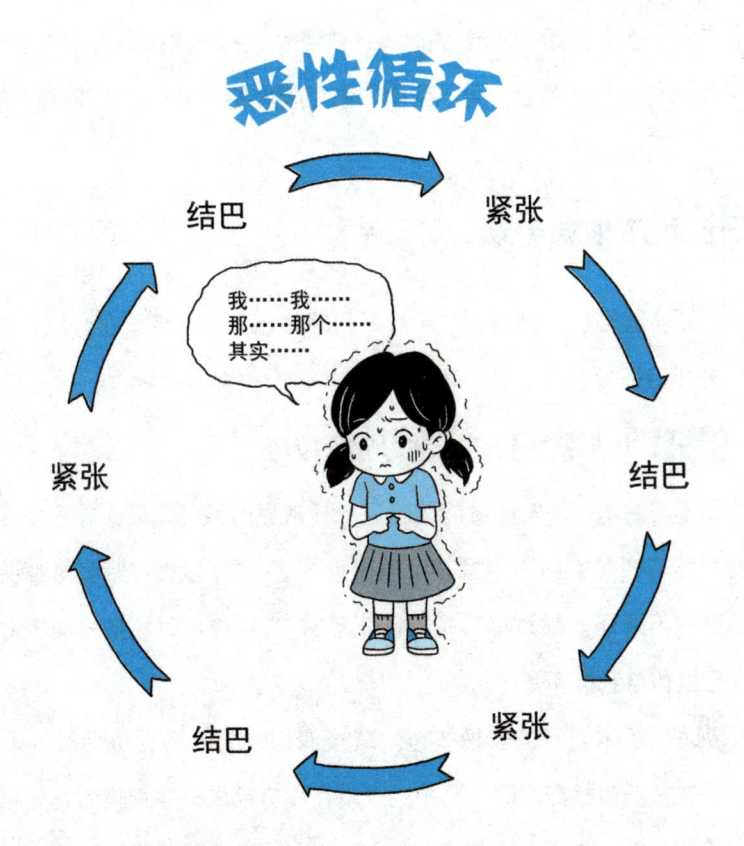

第六章
社交变形记：从小"社恐"到小"社牛"

恶性循环

结巴 → 紧张 → 结巴 → 紧张 → 结巴 → 紧张

（我……我……那……那个……其实……）

心理专家帮帮忙

紧张导致的结巴是一种常见的反应，特别是在公开场合发言时，因为面临较多的观众，孩子会感到更多压力，在这种场景下，许多孩子都会产生紧张情绪，从而在说话时产生磕巴现象。而一旦孩子察觉到自己说话不利索，就会加剧紧张，并对自己失去信心，甚至产生对社交场合的恐惧。

其实，结巴并不意味着孩子的表达能力有问题，它更多的是一种暂时性的情绪反应。帮助孩子认识到这种现象的普遍性和根源，并为他们提供适当的支持和鼓励，可以帮助他们克服这种恐惧，重新建立自信。

反内耗小诀窍

一紧张就结巴，别害怕，保持平和的心态，不必过于在意他人的评价，多开口练习，这个"毛病"很好治。

tip1: 认识紧张情绪，学习放松技巧

孩子需要明白，紧张时的结巴是一种常见的情绪反应，并不意味着他们有语言表达的问题。家长可以告诉孩子："许多人在紧张时都会结巴，这并不奇怪。通过练习是可以克服的。"这样可以让孩子减少对结巴的恐惧和自我批评。

帮助孩子学习一些放松技巧，减轻他们在公开场合讲话时的紧张感。这些技巧包括深呼吸、冥想，以及在发言前做一些积极的心理暗示等。比如，有的孩子在公众场合发言时会因紧张而说话磕磕巴巴。家长或老师可以教孩子在发言前先做几次深呼吸，或者给自己积极的心理暗示："我可以做到，我很棒。"通过这样的练习，孩子的紧张感会减轻，从而减低说话结巴的可能。

tip2: 建立自信心，多开口练习

通过大量的练习，让孩子逐步适应公开发言的场景，帮助孩子重新建立自信心。

家长可以创造一些机会，让孩子逐步适应在别人面前讲话。例如可

第六章
社交变形记：从小"社恐"到小"社牛"

以让孩子先对着镜子练习，等孩子没那么紧张了，再在家人面前发言，继而在朋友或同学们面前发言，鼓励他们在班级等更大的场合尝试。这种循序渐进的方式可以帮助孩子逐渐建立自信，克服在正式场合发言时的紧张情绪。

不 **内耗** 的孩子，
过不一样的人生

总是被冷落，我该怎么办

我的秘密日记

最近，我发现自己好像被同学们冷落了。比如，当大家在一起聊天时，我站在旁边却插不上话，甚至有人根本没注意到我的存在。

有时候看到同学们约好放学后一起去打篮球，我也很想去，但他们好像完全没想邀请我。看着他们说说笑笑地离开，我感到很失落，我不由得问自己：是不是我做了什么让他们不喜欢我的事？或者因为我平时太内向了，所以大家都不愿意和我玩儿？

我感觉自己越来越孤单，不知道该怎么办才好。

第六章

社交变形记：从小"社恐"到小"社牛"

社交冷落：自我否定、孤单、自卑

心理专家帮帮忙

孩子在成长过程中都有正常的社交需求，他们渴望被关注、被欢迎，希望跟其他孩子打成一片。但在人际关系中遇到挫折也是很正常的，许多孩子都有过被"冷落"的经历。如果在社交场合中，一个孩子无法融入群体，他就很容易陷入自我否定，因此感到孤单甚至是自卑。这种感觉如果得不到及时的疏导，可能会对孩子的自信心和社交能力产生负面影响。

孩子需要理解这种社交中的"冷落"现象，并学会如何主动参与和融入群体。同时，家长的支持和指导，可以帮助孩子重拾自信，找到适合自己的社交方式，建立舒适的社交圈子。

反内耗小诀窍

被人冷落会让人不快乐，但这是暂时的。正确认识自己，找到适合自己的社交方式，孩子也可以建立和谐的人际关系。

tip1: 学会表达自己，勇敢参与社交活动

理解并共情孩子"被冷落"的感受，帮助孩子学会主动表达自己的想法，鼓励他们勇敢地参与到社交活动中。有些孩子可能天生内向，但表达能力是可以学习和练习的，家长要引导帮助孩子增强表达能力，找到适合自己的社交方式。

例如有些孩子在其他的同学组织活动时没有被邀请，他们会觉得被"冷落"。家长可以鼓励他们主动询问，能否参加其他同学组织的活动。让孩子明白，即使被拒绝，也没有什么损失。

社交场合中积极的态度和行为，能帮助孩子更容易被他人接纳。鼓励孩子在合适的场合主动发言，勇敢地表达自己。比如主动加入同学们的讨论，尝试提出一些问题，或者分享自己的想法，这样就更容易得到其他人的关注。这种方式可以帮助孩子逐步建立社交自信，减少"被冷落"的感觉。

tip2: 扩大社交圈，建立多元化的人际关系

帮助孩子扩大社交范围，让他们的社交对象不限于同学或某一特定群体，比如在同龄人中，可以让孩子参加一些跨学校的课外活动或兴趣小组，或者让他们参与一些适合不同年龄段的活动。这样，孩子可以接触更多层面的人，找到更多志同道合的朋友，还能开阔视野。

第六章

社交变形记：从小"社恐"到小"社牛"

有些孩子在班里朋友比较少，或者不太喜欢跟同学们玩儿。家长可以建议孩子在班级之外寻找他们感兴趣的其他"小团体"，例如合唱团、棋社等，在其他团体中交朋友。

通过拓展社交圈的方式，孩子不仅可以丰富自己的社交体验，还能在不同的环境中找到更多的朋友，孩子的性格也会越来越开朗。

不 **内耗** 的孩子，
过不一样的人生

释放善意，但无须刻意讨好

我的秘密日记

我发现自己在和同学相处时，好像跟他们的地位并不"平等"，我总是不由自主地去讨好他们。比如，有同学不愿做值日，我会主动帮他们打扫；有同学课桌乱了，我会帮他们整理。

这样的事情我做了很多，虽然他们也会对我说谢谢，但我能感觉得到，他们就是客气一下，并没有把我当成特别好的朋友，这让我有些失落。我觉得自己付出得太多，却得不到相应的回报。

为什么我做了这么多事，却没有换来更多的友谊和认可？我要怎样做才能让他们喜欢我呢？

第六章
社交变形记：从小"社恐"到小"社牛"

讨好型人格

帮我带　好的
帮我去
帮我干　没问题
帮我拿
交给我吧

心理专家帮帮忙

孩子在与同龄人相处时，往往有害怕被孤立、不被接受的心理，一旦有这种担忧，就可能导致他们通过讨好行为来寻求认可和友谊。这种讨好行为往往会导致孩子偏离正常的人际关系，在与他人相处中失去自我，从而引发情感上的疲惫和失落。长此以往，孩子可能会产生错误的认知，他们会觉得自己必须通过牺牲和付出来维持人际关系，这对他们建立自尊心和自信心是不利的。

帮助孩子理解善意和讨好的区别，在人际交往中，学会释放善意又不失去自我，是建立健康的人际关系的关键。孩子需要明白，真正的友谊不需要通过刻意讨好来维系，只有在平等和尊重的基础上建立的友好关系，才会更加牢固和持久。

反内耗小诀窍

通过讨好换来的"友谊",并不是真正的友谊,不能为了让别人喜欢自己,而变成一个谄媚的人。

tip1: **学会平衡"付出"与"自我需求"**

鼓励孩子善良的品质,鼓励孩子在与人交往中释放善意,同时要帮助孩子学会平衡自己的付出与需求。通过设立适当的界限,孩子可以在释放善意的同时,照顾自己的需求、情感和精力,不会因为过度付出而感到疲惫或失落。

生活中,有不少乐于助人的孩子,经常牺牲自己学习或休息的时间帮助别人做一些事情。对这样的孩子,家长既要肯定他的善良,也要教会他们平衡自己与他人的需求,而不是无底线、无休止地去"帮忙"。要让孩子明白,当自己也有事情要做的时候,应该优先完成自己的任务,再根据实际情况决定是否帮助别人。

家长可以引导孩子设立"善意的界限",例如告诉孩子:"当你自己需要时间或精力去完成一些事情时,你没必要非得去帮助、讨好别人。你可以礼貌地拒绝别人。"

tip2: **树立健康的友谊观,无须刻意讨好谁**

帮助孩子树立健康的友谊观,让孩子明白,真正的友谊是建立在相互尊重和平等的基础上的,而不是通过讨好某个人或者牺牲某个人来维系的。孩子需要学会用真诚和自然的方式与他人相处,而不是一味地去讨好和取悦他人。

第六章
社交变形记:从小"社恐"到小"社牛"

家长可以鼓励孩子通过寻找具有共同兴趣或者愿意相互释放善意的人建立友谊,要让孩子远离那些要求你单方面付出的人。让孩子跟"正确的人"一起玩耍,一起交流,或者通过共同完成任务来建立友谊。在这样的友谊中,孩子可以感受到平等和尊重的快乐。

当孩子发现自己总是为了讨好朋友而付出太多,他们就会感到疲惫和不开心。家长要引导孩子理解,真正的朋友不会因为你没有帮他们而不喜欢你,只有理解你,并愿意为你着想的人才是真正的朋友。学会平衡自己和朋友之间的关系,不再一味地讨好别人,才是获取真正的友谊的方式。

不内耗的孩子，过不一样的人生

别人一惹就"爆炸"，我是怎么了

我的秘密日记

最近我发现自己就像一个"炮仗"，只要别人说一句让我不高兴的话，我立马就会火冒三丈。有个同学无意中说了一句我写的字不好看，我竟然冲他大喊大叫，结果弄得大家莫名其妙，就像看疯子一样看着我。

我也知道自己不该这么冲动，可是每次一有不顺心的事，我就控制不住自己。我也不明白，为什么现在的我这么容易"爆炸"？以前的我明明很平静，为什么现在好像一点小事都能让我发火呢？

有时候我自己都觉得烦，为什么我这么容易生气？我很担心这样下去，同学们会越来越不喜欢我。我到底是怎么了？

第六章
社交变形记：从小"社恐"到小"社牛"

一点就炸　　被冒犯
　　　　　　被忽视
　　　　　　不被理解

心理专家帮帮忙

如何做好情绪管理，是孩子成长过程中很重要的一个课题。对孩子来说，控制情绪通常是困难的，情绪波动是很常见的现象，特别是在面临压力或不安时，孩子可能会表现出比平时更强烈的情绪反应。这种"爆炸式"的反应往往是孩子内在压力或焦虑的外在表现，如果他们的情绪积累到一定程度，未能及时释放，同时自我控制能力不够，就会用"一点就炸"的方式爆发出来。

当孩子感到自己被冒犯、不被理解或被忽视时，他们可能会通过激烈的方式爆发出来，以表达内心的悲伤、愤怒、挫败感等情绪。帮助孩子识别这种爆炸式情绪的根源，并学会控制和调节自己的情绪，是做好情绪管理的关键。

反内耗小诀窍

孩子为什么会有坏情绪?为什么动不动就生气,一点就炸?父母该如何帮助孩子控制坏情绪呢?

tip1: 寻找情绪来源,学习控制情绪的技巧

帮助孩子识别导致他们"爆炸"的情绪触发点,从根源上找到问题。家长可以和孩子一起回顾他们每次情绪大爆发的情境,找出共同点。例如:"你是不是每次在别人批评你或者开玩笑的时候最容易生气?你可以告诉我当时你内心的想法吗?"通过这种反思,可以帮助孩子找到自己的情绪来源,从而有针对性地解决。

帮助孩子掌握一些情绪管理技巧,教他们在感到生气时如何冷静下来,减少或避免冲动反应。这些技巧包括深呼吸、慢数到十,或者暂时离开、转移注意力等。

比如有的孩子性子火暴,经常因为同学一句话而生气,家长可以教他在感到愤怒时,先深呼吸三次,再在心里默数到十,然后再决定是否要回应。通过这样的练习,让孩子在生气时更好地控制情绪,避免动不动就"爆炸"。

tip2: 学会表达,增强自信和安全感

孩子的情绪产生波动有时源于内心的不安和缺乏安全感,有时则因为表达能力不足而只能通过激烈的情绪去宣泄。通过增强孩子的自信心

第六章
社交变形记：从小"社恐"到小"社牛"

和安全感，让他们建立更强大的内心，通过教孩子一些沟通技巧，让他们能够顺畅地表达自己，这样他们在面对外部刺激时会更加从容，不会被轻易激怒。

家长可以通过鼓励孩子表达自己的感受，并给予积极的反馈来增强他们的自信心。例如："你可以告诉别人你的感受，而不是用生气的方式表达。"这种正向的沟通可以让孩子感到被理解，从而减少内心的不安和挫败感。

当孩子因为某事而生别人的气时，家长可以教孩子直接告诉对方自己的感受，比如"你这样说让我有点不舒服"，而不是马上发脾气。这样孩子可以更好地表达自己，而且不会让双方的关系太过紧张。

不 **内耗** 的孩子，
过不一样的人生

没必要刻意融入

我的秘密日记

每当看到同学们聚在一起聊天、玩耍，我就会感到孤单，于是想方设法接近他们，试图加入他们的圈子。可是，不管我怎么努力，总觉得自己像个"局外人"。

为了融入他们，我不得不改变自己去迎合他们，甚至放弃自己喜欢的东西。可是，就算我这么做了，他们也并没有特别欢迎我。

这让我很困惑，为什么我这么努力融入他们的圈子，还是不快乐呢？是我不够有趣，还是他们根本不喜欢我呢？为了融入他们，而让自己越来越累，越来越迷失。我是不是做错了什么，还是根本没必要刻意去融入呢？

第六章
社交变形记：从小"社恐"到小"社牛"

心理专家帮帮忙

人是社会性动物，孩子在成长过程中，渴望融入群体是很自然的，也是值得肯定和鼓励的。但如果这种融入某个群体的意愿过于强烈，甚至变成一种压力时，可能会让孩子感到疲惫和失落。努力融入某个群体并不是建立友谊的唯一途径，刻意融入反而可能让孩子失去自我，且感到更加孤独。

真正的友谊是建立在相互尊重和拥有共同兴趣的基础上，而不是通过刻意迎合和改变自己来换取的。鼓励孩子做真实的自己，找到那些真正欣赏他们、与他们有共同兴趣的朋友，比刻意融入某个圈子更重要。

反内耗小诀窍

人和人本就不同,每个人的个性和兴趣都值得尊重。通过压抑自己的个性,刻意融入的某个群体或圈子得来的认可或友谊,是很难长久的。

tip1: **培养自信,保持自我**

帮助孩子培养自信,认识到自己的独特性和价值,保持个性。孩子需要明白,社交并不是一味地迎合和讨好别人,不需要为了融入某个群体而刻意改变自己。通过增强自信,孩子可以更加坦然地面对社交中的挑战,不再为是否融入某个圈子而感到焦虑。

家长可以通过鼓励和积极的反馈来帮助孩子增强自信。比如可以告诉孩子:"你不需要通过改变自己来融入别人的圈子,自然会有人喜欢你真实的样子。"或者:"你不需要迎合别人的喜好,只要做自己,你就会找到真正欣赏你的朋友。"家长要让孩子意识到,他们的价值并不取决于是否融入某个特定的圈子,而是来自他们独特的个性和兴趣。

比如有的女孩担心被同学排斥而刻意模仿别人去追星,但实际上她可能一点都不喜欢那个明星,却不得不为了融入所谓的"应援团"而浪费时间和精力去了解那个明星的信息。家长需要让孩子明白,他们不需要强迫自己做自己不喜欢的事,也没必要非得加入某个群体。

tip2: **发展兴趣圈,找到志同道合的朋友**

鼓励孩子发展自己的兴趣爱好,参加与他们的兴趣相关的活动,在这些活动中,他们更容易找到志同道合的朋友,而不需要刻意去迎合某

第六章 社交变形记：从小"社恐"到小"社牛"

个特定的圈子。

家长可以帮助孩子寻找和他们的兴趣爱好相关的活动或小组，让他们在这些活动中自然地结识新朋友，并告诉他们："每个人都有自己独特的兴趣和性格，你可以找到那些和你志趣相投的人，而不需要为了融入而改变自己。"例如鼓励喜欢画画的孩子加入美术兴趣班，或者参加一些跟美术相关的社会活动，在这些活动中孩子会遇到和他们有相同兴趣的朋友。通过这种方式，孩子可以轻松地找到适合自己的社交圈，而不需要刻意去迎合他人。

第七章

提升钝感力，什么都打不倒我

不 **内耗** 的孩子，
过不一样的人生

钝感力——保护自己的"小盾牌"

我的秘密日记

我发现自己对别人的评价特别敏感。无论是同学之间的玩笑，还是老师的一句无心之言，都会让我胡思乱想。比如，有个同学在背后说我太安静、不合群，我听到后就很难过，他的话在我脑海里反复回荡，让我吃不好、睡不好。

我也不想让自己总是因为别人的话而难过，不想让这些负面的感觉影响我一天的心情。但我真的不知道该怎么"装作没听见"或者"不在乎"。

为什么别人面对这些事就能无所谓，而我却总是被这些小事困扰？难道是我太敏感了？我真的很想有一块"小盾牌"，能保护自己不被这些事情伤害。

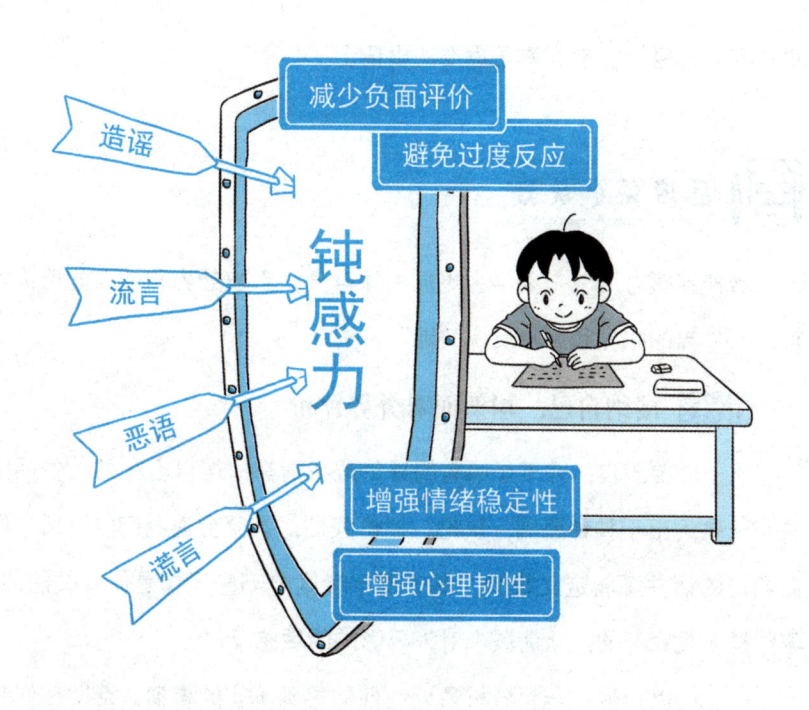

第七章
提升钝感力，什么都打不倒我

钝感力

- 减少负面评价
- 避免过度反应
- 增强情绪稳定性
- 增强心理韧性

造谣　流言　恶语　谎言

心理专家帮帮忙

钝感力，并不是通常意义上的"反应迟钝"，而是指心态上的"迟钝"。简单来说，就是对外界的负面评价或无关紧要的刺激保持一定的迟钝。这种能力能够帮助孩子避免被琐事或负面情绪困扰，让他们保持冷静，更加专注于自己的目标和生活，而不是因小事而分心或伤心。

对于容易敏感的孩子来说，钝感力是一种非常重要的心理"盾牌"，是一种情绪上的防护机制。它能够帮助孩子减少对负面评价或小事的过度反应，增强情绪的稳定性和心理的韧性。培养钝感力，不是让孩子变得冷漠，而是教会他们如何选择性地忽略无关紧要的事情，把精力更多地放在自己身上，放在真正重要的事情上。

反内耗小诀窍

培养钝感力，就是要学会更加关注自身，不被外界和他人的评价困扰，对外界的眼光和影响反应"钝"一些。

tip1： **接纳自己，坦然面对外界评价**

孩子需要明白，并不是所有的评价或事情都值得自己在意。生活中总有一些人出于种种原因，议论、评价我们，甚至会说我们的坏话，但他们说的话并不能定义我们。孩子要学会区分哪些事情是值得关注的，哪些是无关紧要的，从而减少对外界影响的敏感反应。

家长可以和孩子一起分析最近让他们感到不安的事情，帮助他们判断这些事情是否真的很重要或者值得关注。例如："你觉得那个同学说你不爱说话，这真的会影响你和他人的关系吗？或者这只是他的个人看法，你只是不喜欢跟不熟悉的人说太多，其实他并不了解你？"通过这种分析，孩子可以学会选择性地忽略外界的某些评价或事件。

有的孩子很容易因为别人不客观的评价而感到沮丧，家长可以教他们在听到不舒服的话时，先深呼吸，然后在心里告诉自己："这只是别人的偏见，并不是真正的我。我没必要为了别人的偏见不开心。"从而提高对外界评价的"免疫力"。

tip2： **自我激励，提高自信**

孩子太过敏感，其实是因为不够自信，内心不够强大，需要外界的肯定才会获得安全感和价值感。帮助孩子增强自信心，让他们不再过度依赖外界的评价来判断自己的价值。建立积极的自我形象，通过自我肯定，孩子可以更加关注自身，提升对外界的钝感力。

家长可以鼓励孩子总结自己的优点和成就，通过这些积极的自我评价建立自我认同。比如："这个月你在数学课上很用功，考试成绩有了显著提高，这说明你在学习上很有潜力。"让孩子逐渐建立信心，从而减少对外界负面评价的关注。

不 **内耗** 的孩子，
过不一样的人生

别人的话，并没有那么重要

我的秘密日记

我好像特别在意别人的话，哪怕是一句无心之语，我也会把它放在心上，翻来覆去地琢磨。

那次，我听到小明在班里和别人聊天时提到了我，好像是说我不擅长体育。我确实不爱运动，我知道他可能只是随口一说，但我还是感到很受伤。这句话像一根刺一样扎在我的心里，让我不开心了好久。

有时候我也会问自己，为什么我不能像其他人一样，对这些话置之不理呢？如果我一直这么在意别人的评价，那我是不是永远都不会快乐？

第七章

提升钝感力，什么都打不倒我

心理专家帮帮忙

孩子在成长过程中，往往会对别人的评价特别敏感，他们活得很紧张，总是竖起耳朵去听别人说什么。尤其是在自我认同感尚未完全建立的阶段，他们更容易把他人的话语看得过重，并因此影响到自己的情绪和行为。

然而，别人说的话往往没有经过深思熟虑，他们的话也并不意味着这就是事实，更不应该成为孩子评价自我的标准。帮助孩子理解这一点，并学会对别人的评价保持理性对待和有限接受，是培养他们心理韧性和自信心的重要步骤。学会不被他人的言语轻易左右，才能让孩子更专注于自己的成长和内心的平静。

> **反内耗小诀窍**

每个人都有自己的人生，怎么活，怎么做，其根本在于自己。别人的话没那么重要，何必太在意。

tip1：别人的话并不能定义你

孩子需要明白，别人的话只是站在他们的立场或角度发表的个人看法，那些看法或说辞并不能定义你的价值或能力，他们口中的你也不是真正的你。并不是所有的评价都值得在意，孩子需要学会区分哪些话对他们的成长有帮助，哪些话则可以忽略。家长要帮助孩子学会筛选有价值的反馈，并选择性地倾听。

家长可以告诉孩子："别人说的话只是他们的观点，而不是事实。你自己才是最了解自己的人。"或者："同学说你不擅长数学，但你是因为生病请假落下了课程，不代表你数学真的不好。你可以通过补习来证明自己。"这样的引导可以帮助孩子建立正确的自我认知，不被他人的言语轻易影响。

当孩子因为别人无意中的一句批评感到不安时，家长要让他们明白，别人说的话不一定都对，要学会有选择地听，而不是对他人的话语全盘接收。通过分析，孩子可以辨别出哪些话或者建议可以听，哪些话则不需要放在心上。

tip2：建立内在的价值感

帮助孩子完成生活或学习中的挑战，从而增强自信，建立内在的价值感，这样他们就不会过度依赖外界的评价来判断自己的价值。有着高

第七章 提升钝感力，什么都打不倒我

价值感的孩子可以更加从容地面对他人的言论，不会轻易被外界打击或影响。

家长可以鼓励孩子专注于他们的兴趣爱好和特长，增强他们在这些领域的自信心。例如："你在数学上表现得很好，在绘画方面也很有天赋，这已经很不错了，不需要因为别人说你不擅长体育而怀疑自己。"这种正向的引导可以帮助孩子建立稳定的自我认同感，从而减少对外界评价的关注。当孩子更多地关注自己的进步和感受时，他们就会更从容地面对他人的言论。

不 **内耗** 的孩子，
过不一样的人生

除了你自己，谁也不能定义你

我的秘密日记

我好像被人贴上了一些标签。有的同学叫我"书呆子"，因为我总是喜欢安静地看书；有的同学说我"不合群"，因为我不常参加他们的游戏；甚至还有人说我是"胆小鬼"，因为我不喜欢冒险和刺激的活动。

这些标签让我很困扰，我开始怀疑自己是不是就像他们说的那样。我试着改变自己，想让大家看到不一样的我，但他们还是那样称呼我。

难道我真的就是标签上说的那样吗？我真的没有办法改变这些刻板印象，做一个不一样的自己吗？

第七章
提升钝感力,什么都打不倒我

做自己

别人的期望

心理专家帮帮忙

孩子的自我认知在很大程度上会受到别人的评价和期望影响,当孩子被贴上某种标签时,他们可能会内化这些"期望"。如果这些标签含有负面因素,他们可能会感到困扰,甚至影响自尊和自信。外界的标签会限制孩子的自我认知,这些标签有时会让他们变得消极,家长要帮助孩子理解,别人的看法或评价没那么重要,只有他们自己才能真正定义自己。

孩子需要明白,每个孩子都是独特的,他们的成长有自己的节奏和路径,不应该被他人的标签所束缚。帮助孩子学会尊重自己的独特性,并勇敢地做自己,是培养他们健康的自我认同的重要一步。

反内耗小诀窍

孩子不必通过外界的评价去认识和构建自己，除了你自己，谁也不能定义你。

tip1: 正确认识外界的标签

孩子需要学会正确认识他人给他们贴上的标签，无论这些标签是正面还是负面的，都不能定义自己的真正价值。帮助孩子理解，标签只是他人的看法，而并非真正的自己。帮助孩子发现自己的独特性，鼓励他们专注于自己的兴趣和长处，从而建立自信心，摆脱对外界评价的依赖。

家长可以告诉孩子："别人给你贴上的标签，并不代表你真正的样子。你可以选择拒绝这些标签。"例如："如果有人叫你'书呆子'，你可以告诉自己，除了喜欢读书、学习，你在其他方面也有擅长的地方，只是他们不知道罢了。"这样可以帮助孩子正确认识外界给他们贴的标签，建立自我认同感。

tip2: 建立积极的自我认同

通过深入沟通和观察，更好地理解孩子、认识孩子、引导和支持孩子。激发孩子的潜能，帮助孩子建立积极的自我认同，让他们明白，只有他们自己才能真正定义自己的价值。

家长通过鼓励孩子建立积极的自我认同。例如："今天你在课堂上的发言很精彩，这说明你有很好的表达能力。"通过这样的肯定，孩子可以逐渐建立健康、积极的自我认知。

第七章
提升钝感力，什么都打不倒我

比如有的孩子可能因为别人叫自己"胆小鬼"而感到自卑，家长可以从孩子的"胆小"中发掘出他的"安全意识"加以肯定，同时可以带他参加一些户外活动，让孩子尝试一些挑战性的活动。经过这样的锻炼，孩子会变得更加自信和勇敢。当别人再叫他"胆小鬼"时，孩子的心态也会产生变化，他将不再在意别人的看法，也不会再因为这个标签而感到自卑。

总之，通过不断的自我肯定和正向思考，孩子可以增强自信心，专注于实现自己的目标，不再轻易被外界的评价所影响。

不 **内耗** 的孩子，
过不一样的人生

专注眼前事，不再东张西望

我的秘密日记

我最近做事情总是容易分心。有时候，明明在做一件事，脑海里却想着其他的事情，比如写作业的时候，我常常一会儿看看窗外的风景，一会儿又盯着手中的铅笔发呆，结果一点点作业也总是拖到很晚才能完成。

无论是写作业还是上课听讲，我的脑子经常"溜号"。上次老师在课堂上讲解的时候，同学们都在认真听课，只有我心不在焉，听着听着就走神了，等回过神来，发现已经错过了重要的部分。

我也很懊恼，不明白自己为什么总是无法专注在眼前的事情上？我该怎么才能改变自己，变得更加专注呢？

第七章
提升钝感力，什么都打不倒我

心理专家帮帮忙

孩子注意力不集中是常见现象，有生理方面的原因，也有心理和习惯方面的因素。抛去孩子发育过程中客观规律的影响，孩子注意力不集中或者容易分心往往来自外界的干扰和诱惑，特别是在当今信息化社会中，孩子过多地使用电子产品，这些产品和信息对孩子吸引力很大，很容易让他们在做事情时分心、走神。这种注意力不集中的状态不仅影响学习效果，还可能导致孩子无法高效完成任务，增加焦虑感和自我怀疑。

通过训练提高孩子的专注力，使他们能够更好地完成眼前的任务，从而增强自信心，减少因分心带来的挫败感。

反内耗小诀窍

从现在起，做事情不再东张西望，专注眼前事，提高专注力。

tip1：明确目标，分解任务

帮孩子学会设定明确的目标，并把大的目标分解成具体且容易实现的阶段性任务。帮助孩子通过练习来提高专注力，学会在一定时间内只专注于一件事、一项任务。

家长可以帮助孩子将大的任务拆分为小步骤，并设定时间段来完成每个小步骤。例如："现在你的目标是完成数学作业，我们可以把作业分成三部分，每部分完成后休息5分钟。"这种方式可以降低任务的难度，从而减少分心的可能性，提升专注力。

家长可以帮助孩子制定"专注时间表"，让孩子在规定的时间内只专注于一件事。有的孩子在做作业时经常走神，家长可以建议孩子在写作业时只专注于一科，而不是一边做数学题一边想着英语作业。每次完成一科作业后，孩子可以短暂休息，然后再开始写下一科的作业。通过这样的练习，可以让孩子在某个时间段内专注于完成单一任务，也不再容易分心。

tip2：创造一个干扰少的家庭环境

孩子容易分心的原因之一是干扰过多。如果家长在家里看电视、打

第七章
提升钝感力,什么都打不倒我

牌或者吵吵嚷嚷,那么孩子在这样的环境里就很难集中注意力做自己的事情。营造一个整洁安静的家庭环境,可以减少干扰,有效提高孩子的注意力,帮助他们专注于当前的任务。

家长可以帮助孩子整理学习区域,移除可能的干扰源,比如手机、玩具或其他与学习无关的物品。当孩子学习的时候,把手机放在另一个房间,等孩子休息的时候再看。这种方式可以减少外部的干扰,让孩子更容易集中注意力。

尽量不要让孩子玩电子游戏,即使玩也要限制时间。电子游戏的声光电刺激对孩子的大脑发育不利,容易让孩子过度兴奋,不仅耗费孩子的精力和注意力,在孩子停止游戏进入学习状态时也难以静心。特别是有些游戏容易上瘾,再让孩子养成好的习惯就很困难,所以最好让孩子远离电子游戏。

不 **内耗** 的孩子，
过不一样的人生

"坏事情健忘症"真好

我的秘密日记

我发现自己总是难以忘记那些让人不愉快的事情。比如，考试考砸了，或者跟同学发生了矛盾，我就会一直想着这些不开心的事。

有一次，因为我在课堂上回答问题时答错了，引起了大家的哄笑。我知道他们并不是恶意的，但这件事情过去了很久我都没有忘记，时不时就会"复习"一下，让自己难过。

那些不开心的事就像阴影一样跟着我，我很希望自己像有些同学那样，经历了不好的事情后就能很快忘记。如果那样"健忘"，是不是我就会轻松很多，心情也会变得更好呢？

第七章
提升钝感力，什么都打不倒我

心理阴影

心理专家帮帮忙

每个人都希望自己快乐，但生活中难免遇到不开心的事情。有些人可能会很容易忘掉这些让人不开心的事情，但也有一些人却会长时间遭受"坏事情"的困扰。有些孩子在成长过程中，就容易对负面经历产生较深的记忆，长时间沉浸在这些负面经历中，可能会影响孩子的情绪和心理健康，甚至导致他们产生心理阴影，在遇到类似情境时感到害怕或退缩。

如果能尽快忘掉这些不开心的事情，孩子就能以更积极的心态面对成长中的挑战，更快乐地享受生活。这种"坏事情健忘症"其实是一种心理调适的能力，能够帮助孩子在面对负面经历时，迅速从不良情绪中恢复过来，重新面对生活中的挑战。培养这种能力，可以让孩子更加积极地应对生活中的挫折和困难，保持心理的健康和平衡。

反内耗小诀窍

忘记不开心的事情也许并不是一件容易的事，但我们可以通过一些方法来获得这种"健忘症"，从而更快地摆脱坏情绪，拥抱美好的生活。

tip1：学会"选择性记忆"，专注积极的事情

孩子需要学会对过去的错误或不愉快的事情迅速释怀，学会"选择性记忆"，专注于那些积极和美好的事情，而不是反复回想或纠结那些不开心的经历。帮助孩子理解，过去的事情已经发生，重要的是从中吸取教训，而不是一直沉浸在负面情绪中。

家长可以告诉孩子："每个人都会犯错或经历不愉快的事情，沉浸在这种情绪中没有意义，我们需要从中吸取经验教训，然后继续向前。"或者："你在课堂上答错了问题，这不是什么严重的事，重要的是你发现了自己尚未掌握的知识点。"这种引导可以帮助孩子迅速释怀，避免长期陷入负面情绪。

家长可以帮助孩子回忆、总结那些开心的事情，比如学习上的进步、自理能力的提升、与他人友善的交流等，让孩子减少对负面事件的关注，增加内心的正能量。

家长可以和孩子一起进行"每日好事"练习，每天晚上回忆并记录当天发生的三件好事。例如："今天你在运动会上表现很好,我们可以把这件事记下来,作为值得骄傲的回忆。"通过这种方式,孩子可以培养起专注于积极的事情的习惯,逐渐淡忘那些不愉快的经历。

tip2: 学会从挫折中成长

帮助孩子理解,挫折或不开心的事情并非毫无意义。这些事情也是成长中必不可少的一部分,要学会从挫折中成长,而不是一味地回避或沉浸在消极情绪中。通过分析和总结过去的经历,孩子可以从中吸取教训,增强应对挑战的能力。

家长可以和孩子一起回顾那些让他们感到不愉快的经历,帮助他们找到其中好的一面,或者可以改进的地方。例如:"虽然你在这次书法比赛中没拿到很好的名次,但你展示了这半年的学习成果,也看到了更好的作品,这样你就有了目标,可以更好地准备下次比赛。""失败是成功的第一步,我们可以一起来总结这次暴露出来的问题,然后有针对性地改进,争取在下一次做得更好。"这种正向的引导可以帮助孩子从挫折中获得成长,而不是被负面情绪包围。

不 **内耗** 的孩子，
过不一样的人生

高敏感≠高内耗

我的秘密日记

我是一个很敏感的人，无论是别人无意间的一句话，还是一个不经意的表情，我都会在心里反复琢磨。比如，老师在课堂上多看了我一眼，我就会开始怀疑自己是不是哪里做错了；同学们在角落里窃窃私语，我就会怀疑他们是不是在说我的坏话。

明明很多事情根本不重要，我却会一直放在心上，过度的敏感让我感到身心疲惫。我知道自己想得太多，可是我控制不住这种思绪。别人都说敏感的人更细腻、更有同理心，可我觉得自己的这种敏感更多时候带来的是痛苦，而不是快乐。

为什么我总是如此敏感？难道我真的注定要一直这样高内耗下去吗？

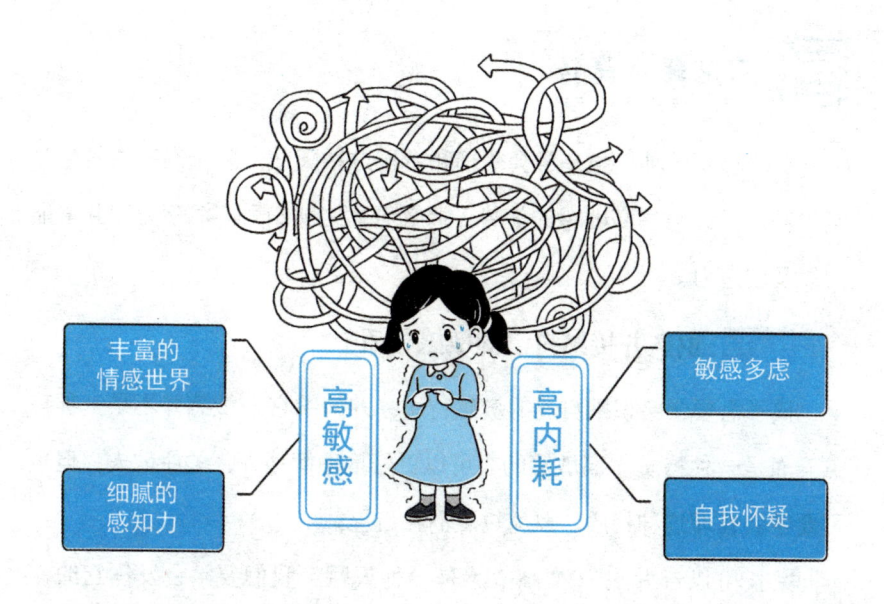

第七章
提升钝感力，什么都打不倒我

丰富的情感世界 — 高敏感 — 敏感多虑
细腻的感知力 — 高内耗 — 自我怀疑

心理专家帮帮忙

高敏感的人往往有着丰富的情感世界和细腻的感知力，但这种特质也容易导致他们过度关注外界的细微变化，从而陷入敏感多虑和自我怀疑的"高内耗"状态。这种状态下，高敏感的人可能会把大量的精力消耗在对他人言行的过度解读和"自省"上，从而导致情绪上的疲惫和心理上的压力。

高敏感虽然需要更多的关注和理解，但它并不必然等同于高内耗。通过正确的引导和调适，高敏感的人可以学会如何管理自己的情绪和思维模式，将敏感转化为优势，而不是负担。关键在于帮助他们学会适时放下，减少不必要的自我消耗。

反内耗小诀窍

高敏感是一种天赋，学会管理和发掘这种天赋，防止高敏感转化为高内耗，可以发挥高敏感的优势，拥有更强的感知力、洞察力和共情能力以及创造力。

tip1：识别并接纳自己的敏感特质

孩子需要学会识别自己的敏感特质，并接纳它。敏感并不是一种缺点，而是一种特质。高敏感的人可以更好地理解他人、关注他人，但也需要学会管理这种特质，以免过度消耗自己。

家长可以告诉孩子："高敏感是一种天赋，我们要学会发挥它的作用，让它成就更好的我们。"或者："你能很细腻地感知别人的情绪，这是一种很棒的能力，但有时候我们需要学会放下那些不必要的担忧。"这种引导可以帮助孩子接纳自己的敏感，同时意识到需要适当管理这种特质。

tip2：培养放下的能力，学会管理情绪

孩子需要学会适时放下那些让他们纠结的事情，或者过滤掉那些不值得关注的信息，以避免过度解读别人的言行和表情。帮助孩子转移注意力，让他们学会忽略无关紧要的事情，专注于重要的事物，以此来减少情绪的积累。

家长可以教孩子在面对让自己敏感的信息时，询问自己："这件事对我真的很重要吗？我需要花这么多时间去想它吗？""老师批评我时的语气重要，还是批评的内容更重要？我应该怎样让自己改进呢？"这种过滤思维的练习可以帮助孩子减少不必要的内耗，专注于真正重要的事情。

通过培养孩子"放下"的能力，可以让他们减少不必要的思考和情绪波动，从而稳定情绪，降低内耗。帮助孩子把注意力转移到更积极的事情上，可以让他们在面对敏感问题和处理事情时，更加从容和轻松。

第八章

打倒情绪"小怪兽",让心态积极起来

不 **内耗** 的孩子，
过不一样的人生

小小情绪也能搅乱一整天吗

我的秘密日记

今天早上，因为一件小事，让我整个人的心情都糟透了。刚开始是因为找不到我最喜欢的笔，然后是在出门前不小心把早餐洒在了衣服上。再后来妈妈让我换衣服，但我当时担心会迟到，心里已经很着急，于是情绪一下子爆发了。

到了学校，我依然没能冷静下来，课堂上也无法集中注意力。课间同学们在玩游戏，而我一点参与的心情都没有，只是坐在一边发呆。

整整一天，我都在和自己的坏情绪纠缠，脑海里不断回放早上发生的那些糟糕的事情。晚上回到家时，我才惊讶地发现，自己一整天都被这些小小的情绪牵着走，什么都没做成。

我想，如果能早点摆脱这些情绪，今天是不是会过得更好一些？为什么小小的情绪会有这么大的影响？难道我真的无法

第八章
打倒情绪"小怪兽",让心态积极起来

控制它们吗?

心理专家帮帮忙

孩子们的情绪波动是正常的,他们的情绪往往来得快去得也快。但有时候也有例外情况,小小的情绪可能会影响他们一整天的心情。特别是在孩子没有学习、掌握情绪调节的技巧时,他们往往容易被情绪操控,给他们的日常学习和社交带来困扰。

情绪波动并非洪水猛兽,它其实是可控的。情绪管理是一项重要的生活技能,它不仅有助于孩子的心理健康,还能帮助他们在学习和生活中更加游刃有余。通过学习如何识别和管理情绪,孩子们可以学会在情绪来袭时及时调节,避免让负面情绪长时间影响他们。

反内耗小诀窍

孩子的情绪控制能力并非天生的,很多时候需要父母的帮助。通过一些有效的策略和方法,帮助孩子学会管理情绪,让孩子拥有高情商、大格局,是家长的重要任务。

tip1: 识别情绪来源,防止情绪积累

孩子需要学会识别自己情绪的来源,了解自己为什么会有某些特定的感受。当孩子能够识别出情绪的根源时,他们就能更好地处理和调节这些情绪。

家长可以帮助孩子识别情绪,并鼓励他们积极表达自己的感受。例如:"你早上因为找不到笔而感到焦虑,然后着急吃饭,把早餐弄洒了,结果你更着急了。其实,有些不顺心的事情发生时,我们可以先冷静一下,然后再想办法解决。"这种方式可以帮助孩子更快地意识到自己的情绪,并有目的地去寻求处理方法。

在孩子产生情绪时,帮助他们及时处理,避免它们积累起来,长时间对孩子产生影响。家长可以教孩子一些简单的情绪管理技巧,如深呼吸、冥想或短暂的运动。例如告诉孩子:"当你感到情绪不好的时候,可以深呼吸,然后想一些让你开心的事情,或者试着做几分钟的运动。"这种方法可以帮助孩子将注意力从负面情绪转移到更积极的事情上,让他们在情绪波动时迅速恢复平静,并避免负面情绪积累。

tip2: 既要让孩子宣泄,也要培养孩子的韧性

当孩子陷入坏情绪时,不要试图让孩子压抑情绪,而是要帮助他们

第八章 打倒情绪"小怪兽",让心态积极起来

用适当的方式表达出来。孩子的情绪如果不能得到宣泄或表达,就会积累起来,孩子容易憋出各种心理问题,因此家长不能剥夺孩子哭闹、愤怒等情绪表达。

在帮助孩子宣泄之后,家长可以通过一些正向反馈和鼓励,培养孩子的情绪韧性,增强他们应对负面情绪的能力。比如肯定孩子:"今天你在遇到不开心的事情时,能很快冷静下来,这说明你已经学会了控制自己的情绪。"这种肯定可以增强孩子的自信心,让他们更愿意往好的方向发展,情绪管理能力也会越来越强。

不 **内耗** 的孩子，
过不一样的人生

接受自己，谁都不完美

我的秘密日记

我是一个追求完美的人，这让我越来越在意自己的缺点。无论是在学习上，还是在生活中，抑或是与同学相处时，我总觉得自己做得不够好。

我经常为自己的一些小错误或不足懊恼，比如，我会问自己：为什么我不能更快地写完作业，为什么我不能考第一，为什么我不是班里最聪明的人……

"不完美"的自己困扰着我，让我对自己越来越没有信心。为什么我不是最聪明、最幽默、最勤快的那个完美的人呢？

第八章
打倒情绪"小怪兽",让心态积极起来

接受自己的不完美

心理专家帮帮忙

每个人都是独一无二的,都有自己的优点和缺点。但是很多时候我们会追求完美,孩子也是如此,在成长过程中,他们难免会因为自己有这样那样的缺点或错误而感到挫败,甚至因为自己的不完美而自卑。然而,追求完美实际上是一种不现实的期望,每个人都与众不同,接受自己的不完美是健康心理发展的关键。

帮助孩子接受自己的不完美,他们可以学会更好地面对自己的不足,并认识到这些不足并不妨碍他们的成长和进步。接受不完美不是放弃进步,更不意味着失败,而是在面对挫折时能够保持积极的心态,从而变得更加坚强和自信。

反内耗小诀窍

生活中难免会遇到各种困难和挑战，这时不必沮丧，不必苛求自己做到尽善尽美。接受自己的不完美，理解在追求完美的过程中，不完美是必然的。

tip1：学会接纳自己的不完美

孩子需要明白，每个人都有自己的优点和缺点，不必逃避或掩饰，接受自己就要接受自己的全部。帮助孩子认识到，不完美的自己才是真实的自己，接受自己的不完美是个人成长过程中的重要组成部分。

家长可以告诉孩子："我们追求完美是为了成为更好的自己，但是，每个人都有不完美的地方，这并不影响我们努力进步。"

当孩子因为自己小小的失误或缺陷而沮丧时，家长可以开解他们，让他们知道出现失误是正常的，当发现了自己的失误时，比起沮丧，更重要的是要知道从哪里改进，以便下次做得更好。这种正向的引导可以帮助孩子不再因为不完美而感到挫败，把注意力转移到改进自己上来。

tip2：设定合理的期望，逐步提升自己

孩子需要用积极的态度看待自己，而不是过度关注自己的不足。学会设定合理的期望，并逐步实现这些目标，这样可以在接纳自己不完美的同时，达到提升自己的效果。

平时家长可以鼓励孩子对自己说一些积极的话语，提升他们的自信心，建立正向的自我认知。如果孩子因为自己的某项能力不如别人而感到自卑，家长可以教孩子训练这种能力，并对自己说："我在进步，我

第八章 打倒情绪"小怪兽",让心态积极起来

会做得越来越好。"

家长可以和孩子一起制定一些小目标,帮助他们逐步提高自己,而不是一次性追求跨越式的进步,甚至完美。例如:"我们这周的目标是把数学练习做得更好,下周再提高英语作文。"通过分阶段实现目标,孩子可以轻松地感觉到自己的提升,而不会因为期望过高而感到压力。

不 **内耗** 的孩子，
过不一样的人生

烦恼说出来，
心情好起来

我的秘密日记

这几天，我心里一直有件事闷得慌。最近学习压力很大，每天都有很多作业要做，还有各种考试让我紧张不安。可我又觉得，这些烦恼好像不是什么大事，总觉得跟爸妈或者朋友说了，他们也不会明白，甚至可能觉得我小题大做。所以，我一直把这些情绪藏在心里，没有告诉任何人。

每天，我都感觉自己像是背着一块沉重的石头，走路都累。上课的时候，我常常走神，回家写作业也提不起精神。虽然朋友们每天还是像往常一样和我一起玩耍，可我总觉得自己笑得不真心，心里有股烦闷的情绪挥之不去。

有一次，我真的忍不住了，想跟妈妈说一说心里的烦恼，可是话到嘴边又咽了下去。我害怕妈妈会觉得我不够坚强，害

第八章 打倒情绪"小怪兽",让心态积极起来

怕她会担心我,也害怕自己说出来后,问题还是得不到解决。我到底该怎么办呢?继续憋在心里真的让我好难受。

心理专家帮帮忙

孩子在成长过程中,常常会面对各种烦恼和压力,如果不能及时得到缓解或宣泄,这些负面情绪就会积压起来。长此以往,这些情绪不仅会影响孩子的心情,还可能导致他们的心理负担加重,甚至影响到学习和生活的各个方面。

他们之所以选择把这些情绪埋在心里,一个人独自承受,多是因为无处倾诉或不会表达,抑或是担心他人不理解,而无法给自己提供帮

助。其实只要说出来，孩子就可以释放内心的压力，从而使心情变得轻松。学会表达自己的烦恼是情绪管理中的重要一环，有效的表达不仅有助于心理健康，也能帮助孩子获得外界的支持和理解，与他人建立更深的情感连接。

反内耗小诀窍

把自己的痛苦和烦恼说出来，是缓解心理压力的重要方式。烦恼说出来，心情就会好起来。

tip1：学会表达情绪，不再闷在心里

孩子需要明白，表达情绪并不是软弱的表现，而是一种健康的心理疏导方式。通过把烦恼说出来，孩子可以得到他人的理解和支持，缓解内心的压力，释放内心积攒的坏情绪。

家长可以告诉孩子："当你感到烦恼时，说出来是一种释放压力的好办法。我们是你忠实的听众，你有什么事情都可以告诉我们，我们愿意倾听，并且帮助你解决问题。"或者："如果你觉得学习压力太大，可以告诉我们，我们一起想办法看看怎样可以让你轻松一些。"通过这种鼓励，孩子会逐渐学会敞开心扉，表达自己的情绪。

帮助孩子学习有效的情绪表达方式，让他们条理清晰地描述自己的感受，从而达到更好的沟通效果，更容易得到理解和支持。

家长可以教孩子使用"我"开头的句式来表达情绪，例如："我感觉……因为……"这种表达方式有助于孩子清楚地传达自己的感受。例

如:"我感到很沮丧,因为我觉得作业太多了,做不完。"通过这种方式,孩子可以更清楚地表达自己的情绪,避免因情绪导致思维混乱,同时能够让老师和家长更好地理解他们的困难,并提供适当的支持。

tip2: 选择合适的倾诉对象,获得支持

有的孩子心情低落时,并不想让父母担心,因而也不愿意跟父母说。家长需要帮助孩子找到值得信任的倾诉对象,无论是家人、老师还是朋友,一个合适的倾诉对象能够让他们在表达烦恼时感到安全和被理解。

帮助孩子识别合适的倾诉对象后,家长要鼓励孩子在感到困惑或烦恼时,主动寻求这些人的支持。例如:"当你觉得有压力时,可以告诉妈妈,或者和你的好朋友聊聊,看看他们有没有什么办法帮你。"让孩子明白,把烦恼说出来,寻找他人的支持并不丢脸,反而可以给情绪一个出口,是解决问题的有效途径。

不 **内耗** 的孩子，
过不一样的人生

冷静一下！
别在生气时做决定

我的秘密日记

前几天，我和最好的朋友小明因为一件小事吵架了。事情其实不大，他不小心弄坏了我的新书包，我当时非常生气，冲他大喊："你怎么这么不小心！我们绝交！"然后就气冲冲地跑开了。

后来冷静下来，越想越觉得自己不该说出"绝交"这么严重的话，心里开始后悔。我们毕竟是好朋友，他也不是故意的。可是话已经说出口了，看到小明独自一人在教室里坐着，我也不知道该怎么挽回。如果当时冷静些，可能就不会把事情闹得这么糟糕。

为什么生气的时候，我总是控制不住情绪呢？难道我和小明的友谊真的就这样结束了吗？

第八章
打倒情绪"小怪兽"，让心态积极起来

心理专家帮帮忙

生气是人的正常情绪，孩子在成长过程中，难免会发脾气。孩子在面对让他们感到挫折或愤怒的事情时，容易在情绪的驱使下做出冲动的决定或说出过激的话语。在情绪激动时，思维会变得混乱，容易做出冲动的选择。这些冲动下做出的决定或说出的话很可能带来长期的负面影响。

生气时做出的决定往往缺乏理智和判断力，可能会带来无法挽回的后果。学会在情绪激动时冷静下来，不仅有助于孩子更好地管理自己的情绪，也能避免他们做出让自己后悔的决定。情绪管理是成长中的重要技能，它能帮助孩子在情绪波动时保持冷静，从而更加理智和稳重。

反内耗小诀窍

情绪化的时候，常常像是变了一个人，一怒之下做的决定，大多会后悔。冷静下来，别在生气的时候做决定。

tip1：识别情绪信号，学会暂停决策

帮助孩子学会识别自己情绪波动的信号，是有效管理情绪的第一步。当孩子能够意识到自己正在生气时，他们就能有意识地控制自己的言行，避免做出不理智的事情。

家长可以教孩子关注自己的身体反应，比如心跳加快、呼吸急促、紧张发抖或脸红等，这些都是生气时的常见表现。例如："当你感觉心跳加快、呼吸急促的时候，可能就是在生气了。这时，我们可以先暂停一下，不要急着做决定。"通过识别情绪信号，孩子可以在情绪刚开始波动时，及时察觉并采取措施保持冷静。

生气时不做决定，可以避免草率决策带来的危害。当孩子感到愤怒时，帮助他们学会暂停决策，等情绪平稳后再做出决定。比如让他们先放下手头的事情，出去走走，或者听听音乐冷静下来。这样，可以避免孩子在冲动的情况下做出过激或错误的决定。

tip2：学会事后反思

帮助孩子在事后反思自己在情绪激动时的行为，并从中吸取教训，逐步改进自己，是成长的重要部分。通过反思，孩子可以更好地理解情绪的负面影响，逐渐学会更好地控制自己的情绪。

家长可以和孩子一起回顾他们在生气时做出的决定，并帮助他们思

第八章
打倒情绪"小怪兽",让心态积极起来

考是否有更好的处理方式。例如:"你昨天生气时跟好朋友说了绝交,现在你觉得这么做对吗?我们可以一起想想,下次遇到这种情况时,怎么处理会更好。"通过这种反思,孩子可以体会到冲动的后果,从中吸取教训。

不要迁怒于人

我的秘密日记

今天发生了一件让我很懊恼的事。我因为数学没考好，心里很烦躁，朋友小佳和我说话，我也没有心情搭理她。走在路上的时候，她不小心踩到我了的鞋，我的情绪一下子爆发了，立刻对她大吼："你怎么这么不小心！"

小佳吓了一跳，一脸委屈地看着我。我突然意识到自己的愤怒并不是因为她踩到我，而是因为考试的事。我是把气撒在了无辜的小佳身上。我越想越后悔，小佳根本就没有做错什么。我不知道该怎么向她道歉，也不知她是不是还会和我做朋友。

为什么我会把不好的情绪发泄到别人身上呢？我以后该怎么做，才能不再迁怒于人？

第八章
打倒情绪"小怪兽",让心态积极起来

心理专家帮帮忙

孩子因为某人或某事生气时,常常会无意间把气撒到别人身上,这种行为被称为"迁怒",它通常是指将怒气或者不满发泄到毫无关系的第三者身上,心理学称这种状态为"置换"。迁怒是一种常见但不健康的情绪表达方式,这种行为往往会伤害到无辜的他人,并可能破坏友谊和关系。

帮助孩子学会识别自己的情绪,并找到适当的方式进行表达,是情绪管理中的重要部分。当孩子能够掌握这些技能时,他们就能避免在情绪激动时迁怒于人,学会以更健康的方式处理自己的情绪。

> **反内耗小诀窍**

不迁怒于人,不仅是一个人的自我修养,也是一种优秀的控制情绪的能力。

tip1: **识别情绪源,避免将情绪转移**

要做到"不迁怒",需要在面对问题时保持冷静和理智。帮助孩子学会识别情绪的真正来源,是避免迁怒他人的关键。通过了解情绪的根源,孩子可以更清楚地意识到自己的问题来自哪里,从而避免将负面情绪转移到他人身上。

家长可以教孩子在感到生气或烦躁时,先问自己:"我为什么生气?这件事真的和别人有关吗?"例如:"你今天对小佳发火,是因为她踩了你的鞋,还是因为自己考试没考好,想找个借口把情绪发泄出来?如果你是小佳,被人这么对待,你会开心吗?"通过这种反思,孩子可以学会区分情绪的来源,学会换位思考,从而更好地理解他人的感受,避免迁怒于人。

家长可以帮助孩子设定一些情境练习,让孩子在模拟的压力情景中,练习如何冷静处理情绪,增强他们在面对压力和挫折时的应对能力。例如:"我们假装你在考试后心情不好,现在你回到家,看看你能做些什么来避免对家人发火。"这种练习可以帮助孩子在真实情境中更好地管理情绪,减少迁怒他人的行为发生。

tip2: **培养担当精神,勇于认错**

当孩子意识到自己有迁怒别人的行为时,要勇敢地承担责任并认错,让孩子学会为自己的行为负责,同时可以修复与他人的关系,学会如何更好地与他人相处,建立和谐的人际关系。

家长可以鼓励孩子在情绪平复后,主动向被迁怒的对象道歉,并解释自己的情绪来源。例如:"如果你意识到自己对小佳发火是因为考试的事,那么可以跟她道歉,并告诉她你当时的感受。"坦然承认错误并真诚道歉有助于挽回双方之间的友谊。

不**内耗**的孩子，
过不一样的人生

与其发怒，
不如摆明态度

我的秘密日记

今天，我和同桌小杰闹得很不愉快。上课时，他把书包放在我的桌子上，占了不少地方。我提醒了他几次，但他根本不听，还嘲笑我"太小气"。一怒之下，我冲他吼了起来："你到底想干什么！能不能别这么自私！"

面对我的"声波攻击"，小杰只是耸了耸肩，然后继续做他的事，完全没有把我的愤怒放在心上。我吼完之后，心情也没有变好。后来，我越想越觉得不对劲。虽然我对小杰发火了，但好像并没有解决问题。他既没有意识到我为什么生气，也没有改正自己的行为。

难道发怒真的不能解决问题吗？如果我再遇到类似的情况，难道就只能忍气吞声吗？

第八章
打倒情绪"小怪兽",让心态积极起来

有效解决问题 ← 表达需求 | 发怒 → 事情变得更糟

心理专家帮帮忙

当孩子遭遇不公或让人恼火的情况时,发怒往往是最直接的情绪反应。

事实上,愤怒是人类最普遍、最正常的情绪,它并不是坏事,而是一种内在的警报。然而,发怒并不总是能有效地解决问题,反而常常让事情变得更糟,让对峙的对方变得更加对抗。

孩子需要学会用更理智、更有效的方式来表达自己的不满和需求,而不是通过发怒来宣泄情绪。帮助孩子学会控制自己的愤怒,采用其他更好的方式摆明态度,是情绪管理和有效沟通的重要部分。当孩子能够冷静地表达自己的需求时，不仅能更好地解决问题，还能维护和改善人际关系。

反内耗小诀窍

学会表达愤怒，是自我疗愈的开始。与其发怒，不如摆明态度，而不是"愤怒"地表达。

tip1：摆明态度，设立界限

帮助孩子学会摆明自己的态度，并设立清晰的界限，可以让别人明确知道什么行为是孩子可以接受的，什么是不可接受的。

通过设立界限，孩子可以更好地保护自己的权益，同时避免不必要的冲突。

家长可以教孩子在表达不满时，清楚地设立界限，并让对方了解后果。例如："小杰总是把书包放在你的桌子上，你可以告诉他，如果他再这样做，你会请老师来帮忙解决这个问题。"

通过这种明确的态度，既清楚地传达了自己的底线，也让对方明白继续不当行为所产生的后果。

tip2：冷静表达，学习沟通技巧

当孩子感到愤怒时，帮助他们学会控制情绪，用冷静、理性的方式去表达，而不是通过发怒来强迫对方接受自己的意见或者改变行为。冷静的表达不仅更有可能引起对方的重视和理解，也能避免冲突的升级。

帮助孩子学习一些沟通技巧，从而更有效地解决问题。家长可以和孩子一起回顾他们的沟通过程，思考哪些地方做得好，哪些地方可以改进。例如："今天你和小杰的沟通还算顺利，不过下次可以更早地告诉他你的想法，这样他就不会一开始就踩到你的底线。"通过这种总结，孩子可以逐步提高自己的沟通能力。